WISSENSCHAFTLICHE BEITRÄGE
AUS DEM TECTUM VERLAG

Reihe Rechtswissenschaften

WISSENSCHAFTLICHE BEITRÄGE
AUS DEM TECTUM VERLAG

Reihe Rechtswissenschaften

Band 43

Anja-Isabel Bohnen

Das Selbstbestimmungsrecht der Religionsgesellschaften gemäß Artikel 137 Absatz 3 Satz 1 der Weimarer Reichsverfassung

Eine Untersuchung der staatskirchenrechtlichen Systematik
in der Zeit der Weimarer Republik

Tectum Verlag

Anja-Isabel Bohnen

Das Selbstbestimmungsrecht der Religionsgesellschaften gemäß Artikel 137 Absatz 3 Satz 1 der Weimarer Reichsverfassung. Eine Untersuchung der staatskirchenrechtlichen Systematik in der Zeit der Weimarer Republik

Wissenschaftliche Beiträge aus dem Tectum Verlag:
Reihe: Rechtswissenschaften; Bd. 43

Zugl.: Trier, Univ. Diss. 2009

ISBN: 978-3-8288-2289-4

ISSN: 1861-7875

Umschlagabbildung: © pixxxl / photocase.com

Besuchen Sie uns im Internet
www.tectum-verlag.de

Bibliografische Informationen der Deutschen Bibliothek
Die Deutsche Bibliothek verzeichnet diese Publikation in der Deutschen Nationalbibliografie; detaillierte bibliografische Angaben sind im Internet über http://dnb.ddb.de abrufbar.

Vorwort

Zum Neujahrstag des Jahres 1919 kam es vor dem Kultusministerium in Berlin aufgrund einer aus Sicht der Religionsgesellschaften negativen Verordnung zu einer Großdemonstration. Mehrere Tausend Menschen harrten bei Minusgraden aus, obwohl die Verordnung bereits Tage zuvor wegen Protesten aus der Bevölkerung und von den großen Kirchen in weiten Teilen ausgesetzt worden war.

Dieses Beispiel zeigt, welche Bedeutung dem Selbstbestimmungsrecht der Religionsgesellschaften in der Weimarer Republik zukam, und dies nicht allein in den juristischen Diskussionen um dessen Gewährleistung und Schranken, sondern bis hinein in die öffentliche Meinung. Viele fürchteten, dass durch die neue Verfassung die bisherige Stellung der Kirchen geschmälert und ihre Privilegien abgeschafft werden könnten. Und tatsächlich gingen die Vorstellungen für das neue staatskirchenrechtliche System weit auseinander. Von einer klaren Trennung von Staat und Kirche mit Abschaffung jeglicher Sonderrechte der Religionsgesellschaften bis hin zum Wunsch, das bisherige System beizubehalten oder längst vergangene staatskirchenrechtliche Systematiken in Teilen wieder einzuführen, wurden die verschiedensten Ansichten vertreten.

Vor diesem Hintergrund sahen sich die Vertreter der Nationalversammlung von Weimar im November 1919 vor der Herausforderung, eine neue staatskirchenrechtliche Ordnung zu schaffen. Die Formulierung des Selbstbestimmungsrechts, welche in der Weimarer Reichsverfassung Eingang gefunden hat, ist das Ergebnis eines Kompromisses, der in der Nationalversammlung, ausgehend von den diversen Interessen, gefunden wurde. Daher verwundert es nicht, dass die Formulierung des Artikels 137 Absatz 3 Satz 1 der Weimarer Reichsverfassung im Verlauf der Weimarer Republik durch lebhafte Diskussionen weiter konkretisiert wurde. Neben den aufgezeigten Spannungsfeldern - unter Einbezug der weiteren Entwicklung des Staatskirchenrechts in der Weimarer Republik - werden die vielfältig geführten Diskussionen um die Auslegung des Artikel 137 Absatz 3 Satz 1 Weimarer Reichsverfassung, insbesondere in Bezug auf Inhalt, Umfang und mögliche Beschränkungen der Gewährleistung des Selbstbestimmungsrechts der Religionsgemeinschaften, untersucht. Berücksichtig werden die vorhergehenden staatskirchenrechtlichen Entwicklungen ebenso wie die realpolitische Situation zum Zeitpunkt der Beratungen in der Verfassunggebenden Nationalversammlung und der Weimarer Republik.

Die vorliegende Arbeit wurde im Sommersemester 2009 vom Fachbereich Rechtswissenschaften der Universität Trier als Dissertation angenommen.

Meiner Familie und den Menschen, die mich in der Zeit der Entstehung dieser Arbeit unterstützt und mit viel Verständnis begleitet haben, gebührt mein Dank. Bedanken möchte ich mich an dieser Stelle insbesondere bei meinem Doktorvater, Herrn Prof. Dr. Gerhard Robbers, für seine Unterstützung und sein Verständnis für die Schwierigkeiten, das Projekt neben dem Beruf abzuschließen. Ich danke auch Herrn Prof. Dr. Franz Dorn für die Erstellung des Zweitgutachtens. Frau Regina Hirsch, Frau Marina Kuss und Frau Dr. Irmgard Türk danke ich für ihre Unterstützung bei den abschließenden Korrekturarbeiten und den kritischen Hinweisen.

Die Arbeit ist meiner Mutter Frau Dr. Bärbel Schmücker und meiner Großmutter Frau Hildegard Johanningmeier gewidmet.

Inhaltsverzeichnis

Abkürzungsverzeichnis

a. A.	andere Ansicht
Abs.	Absatz
ALR	Allgemeines Landrecht für die preußischen Staaten
Art.	Artikel
bad.	badisch
Bd.	Band
bzw.	beziehungsweise
ca.	circa
Diss.	Dissertation
f., ff.	folgende
EOK	Evangelischer Oberkirchenrat
Fn.	Fußnote
GG	Grundgesetz
GVBl.	Gesetz und Verordnungsblatt
Hrsg.	Herausgeber
i. V. m.	in Verbindung mit
N. F.	Neufassung
PreußOVGE	Entscheidung des Preußischen Oberverwaltungsgericht
PV	Paulskirchenverfassung – Verfassung des Deutschen Reichs vom 28. März 1849
RGZ	Entscheidungen des Reichsgerichts in Zivilsachen
S.	Seite
s.	siehe
sog.	sogenannt
Sp.	Spalte
vgl.	vergleiche
WRV	Weimarer Reichsverfassung
z. B.	zum Beispiel

A. Rechtsquellen

Die Rechtsquellen des Staatskirchenrechts liegen schwerpunktmäßig im Öffentlichen Recht und beinhalten - bezogen auf den hier behandelten historischen Rahmen - die Regelungen der Reichsverfassung, die Normen der einzelnen Länderverfassungen sowie einfachgesetzliche Normen und Verordnungen. Hinzu kommen neben einschlägigen Gerichts- und Einzelentscheidungen auch Konkordate und Kirchenverträge, da im Laufe der Weimarer Republik die einseitig durch den Staat gesetzten Rechtsquellen zunehmend durch vertragliche Regelungen der einzelnen Länder mit den großen Kirchen erweitert wurden.

I. Rechtsquellen auf Reichsebene

1. Die Weimarer Reichsverfassung

Wichtigste Rechtsquelle auf Reichsebene ist die Weimarer Reichsverfassung selbst. Ihre staatskirchenrechtlichen Regelungen finden sich größtenteils im zweiten Hauptteil der Verfassung, dem Teil über die „Grundrechte und Grundpflichten der Deutschen", und dort innerhalb des dritten Abschnitts „Religion und Religionsgesellschaften" in den Artikeln 135 ff. WRV. Daneben enthält auch der vierte Abschnitt „Bildung und Schule" in Artikel 142 ff. WRV einige heftig diskutierte staatskirchenrechtliche Regelungen. Eine für das Staatskirchenrecht bedeutsame Norm außerhalb des zweiten Hauptteils ist die Kompetenznorm des Artikels 10 Nr. 1 WRV.

Artikel 137 Absatz 3 WRV ist ein Fall der sogenannten Grundsatzkompetenz gemäß Artikel 10 Nr. 1 der Reichsverfassung[1]. Ergänzend zu dieser Grundsatzkompetenz verweist Artikel 137 Absatz 8 WRV[2] in der Form der konkurrierenden Gesetzgebung die weiteren Regelungen zur konkreten Ausgestaltung der Landesgesetzgebung zu.

Durch diese Zuordnung wurde in der Weimarer Reichsverfassung bewusst mit den traditionellen Kompetenzverteilungen der vorhergehenden Verfassungen gebrochen. Dem Reich wurde das Recht zuge-

---

1 „Das Reich kann im Wege der Gesetzgebung Grundsätze aufstellen für: -Nr1. die Rechte und Pflichten der Religionsgesellschaften"; abgedruckt in: *Horst Hildebrandt (Hrsg.)*, Die deutschen Verfassungen des 19. und 20. Jahrhunderts, 14. Auflage, Paderborn, München, Wien, Zürich 1992, S. 71.

2 „Soweit die Durchführung dieser Bestimmungen eine weitere Regelung erfordert, liegt diese der Landesgesetzgebung ob"; abgedruckt in: *Horst Hildebrandt (Hrsg.)*, Die deutschen Verfassungen des 19. und 20. Jahrhunderts, 14. Auflage, Paderborn, München, Wien, Zürich 1992, S. 102.

standen, Richtlinien im Bereich des Staatskirchenrechtes zu erlassen und damit die jeweiligen Landesgesetzgeber zu verpflichten, einer bestimmten Linie zu folgen und vorgegebene Entscheidungsräume einzuhalten. Dies stellte gegenüber den früheren Entwicklungen eine erheblich erweiterte Handlungsfreiheit des Reiches dar. Bis dahin hatte das Staatskirchenrecht - von einzelnen Ausnahmen zur Ergänzung des jeweiligen landesrechtlichen Systems abgesehen - vollständig in der Kompetenz der Länder gelegen. Mit der Regelung des Artikels 10 Nr. 1 WRV wurde eine schon seit den Zeiten des Kulturkampfs geforderte Reichskompetenz begründet. Das Reich konnte so die grundsätzlichen Strukturen für das neue Verhältnis des Staats zu den Religionsgesellschaften selbst gestalten, was wiederum die Schaffung eines einheitlicheren Staatskirchenrechts ermöglichen sollte.

Auch wenn den Ländern weiterhin die konkrete Ausgestaltung und Durchführung vorbehalten blieb, ist durch die verfassungsrechtlich ausgestalteten richtungsweisenden Regelungen in dem Abschnitt über die Grundrechte ein „Reichs-"Staatskirchenrecht entstanden. Die so vorgegebene Grundstruktur war gemäß Artikel 13 Absatz 1 WRV[3] für die Länder verbindlich. Die Länder hatten die Vorgaben bei der Gesetzgebung und im Rahmen ihrer Entscheidung zu achten.

2. Einfachgesetzliche Regelungen

Im Rahmen von Artikel 10 Nr. 1 WRV gab die Weimarer Reichsverfassung dem Reichsgesetzgeber die Befugnis, staatskirchenrechtliche Gesetze und Verordnungen zu erlassen. Ein Gesetz, das explizit religiöse Themen betraf, wurde auf Reichsebene jedoch nur in einem Fall erlassen[4]. Das Fehlen von solchen Reichsgesetzen im Rahmen des Staatskirchenrechts ist nicht Ausdruck einer bewussten Zurückhaltung des Reichsgesetzgebers gegenüber den Ländern. Vielmehr war es dem Reich aufgrund der voranschreitenden politischen Schwächung der jeweiligen Reichsregierungen nicht möglich, seine durch die Weimarer Reichsverfassung geschaffenen Möglichkeiten zu nutzen. Damit waren es wieder vermehrt die Länder, welche in der Fortbildung des Staatskirchenrechts aktiv wurden.

---

[3] „Reichsrecht bricht Landesrecht"; abgedruckt in: *Horst Hildebrandt (Hrsg.),* Die deutschen Verfassungen des 19. und 20. Jahrhunderts, 14. Auflage, Paderborn, München, Wien, Zürich 1992, S. 72.

[4] Am 15. Juli 1921 erging das „Gesetz über die religiöse Kindererziehung", welches den umstrittenen Themenbereich Schule und Religion behandelte.

Neben den speziell religiöse Themen betreffenden Gesetzen waren selbstverständlich auch alle sonstigen einfachgesetzlichen Regelungen auf Reichsebene für die Religionsgesellschaften einschlägig. Die Religionsgesellschaften hatten, ebenso wie alle anderen Rechtssubjekte, die Vorschriften des Zivil- und des Strafrechts sowie des sonstigen öffentlichen Rechts zu achten.

II. Rechtsquellen auf Länderebene

1. Die Landesverfassungen

Die meisten Landesverfassungen enthielten staatskirchenrechtliche Normen, welche die Artikel 135 ff. WRV entweder wortgleich übernahmen oder ihnen größtenteils inhaltlich entsprachen. So bestimmte z. B. die badische Landesverfassung vom 21. März 1919 im Sinne von Artikel 137 Absatz 3 Satz 1 WRV in ihrem § 18 Absatz 3 Satz 2, Religionsgesellschaften „[...] ordnen und verwalten ihre Angelegenheiten frei und selbstständig im Rahmen der allgemeinen Staatsgesetze“[5]. Darüber hinaus enthielten einzelne Landesverfassungen Normen, die Einzelaspekte des Selbstbestimmungsrechts explizit aufgriffen und im Detail regelten[6].

Die Regelungen der jeweiligen Landesverfassungen durften nicht mit der Weimarer Reichsverfassung im Widerspruch stehen[7]. War dies der Fall, wurde in der Regel versucht, den Konflikt über die Möglichkeit einer verfassungskonformen Auslegung zu bereinigen, um so die betreffende Regelung möglichst innerhalb der Landesverfassung bestehen lassen zu können. So formulierte z. B. § 17 der Verfassung des Freistaats Oldenburg vom 17. Juni 1919 die Schrankenregelungen des landesrechtlich garantierten Selbstbestimmungsrechts der Religionsgesellschaften mit dem Passus „unbeschadet der Rechte des Staates“[8]. Diese Formulierung war bereits vor der Weimarer Reichsverfassung in Kraft getreten. Der Inhalt war sehr weit formuliert, sodass sich aus ihm keine Grenze für den Umfang der staatlichen Ermächtigungen entnehmen ließ. Das Land Oldenburg hätte damit jede Form von Landesgesetzen erlassen

---

5 Text zu finden unter URL: http://www.verfassungen.de/de/bw/baden/baden19-index.htm

6 So z. B. §§ 18 f. der Verfassungsurkunde des freien Volksstaates Württemberg vom 20. Mai 1919; Text zu finden unter URL: http://www.verfassungen.de/de/bw/wuerttemberg/wuertemberg19-2-i.htm

7 RGZ 103, 91 (94).

8 Text des § 17 der Verfassung des Freistaats Oldenburg vom 17. Juni 1919; zu finden unter URL: http://www.verfassungen.de/de/nds/oldenburg/oldenburg19-index.htm

und in das Selbstbestimmungsrecht der Religionsgesellschaften in vielfältiger Weise eingreifen können. Die Regelung verstieß unstreitig gegen die Weimarer Reichsverfassung. Um die Geltung des § 17 der Verfassung des Freistaats Oldenburg vom 17. Juni 1919 trotzdem erhalten zu können, wurde er über seinen eigentlichen Inhalt hinaus so ausgelegt, dass die staatlichen Befugnisse nicht über das durch Artikel 137 Absatz 3 Satz 1 WRV vorgegebene zulässige Maß hinausgehen durften[9].

2. Einfachgesetzliche Regelungen

Die Länder nahmen ihre Möglichkeiten, staatskirchenrechtliche Regelungen zu erlassen, in weitem Umfang wahr. Erste Gesetze in diesem Sinne[10] beschäftigten sich mit den evangelischen Kirchen, da diese in besonderem Maße von dem Wegfall der monarchistischen Strukturen in den Ländern betroffen waren[11]. Ein wichtiger Aspekt nach Ansicht der Landesregierungen war die Frage, wie ein möglicher Kirchenaustritt vereinfacht werden konnte; auch zu diesem Thema ergingen frühzeitig Regelungen[12].

Zusammenfassend lässt sich sagen, dass die meisten Länder ihre Gesetzgebungskompetenz innerhalb des Staatskirchenrechts nutzten, um weiter gehende Aufsichtsrechte über die Religionsgesellschaften - oder zumindest über solche Religionsgesellschaften, die den Status einer Körperschaft des öffentlich Rechts besaßen - auszugestalten[13].

Etwas anders stellte sich die Situation in Bayern und Württemberg dar. Hier wurden den Religionsgesellschaften im Vergleich zu den sonstigen Ländern im Rahmen der betreffenden Landesgesetzgebung größere Freiheiten gewährt, da die betreffenden Landesregierungen weniger

---

9 Vgl. *Wilhelm Scheuer*, Was bedeutet im Artikel 137 Reichsverfassung: „Jede Religionsgesellschaft ordnet und verwaltet ihre Angelegenheiten selbständig innerhalb der Schranken des für alle geltenden Gesetzes"? (Diss.), Rosenheim 1929, S. 35 f.

10 So z. B. das preußische „Staatsgesetz betreffend die Kirchenverfassung der evangelischen Landeskirchen" vom 8. April 1924, abgedruckt in *Ernst Rudolf Huber und Wolfgang Huber (Hrsg.)*, Staat und Kirche im 19. und 20. Jahrhundert. Dokumente zur Geschichte des deutschen Staatskirchenrechts, Band 4: Staat und Kirche in der Zeit der Weimarer Republik, Berlin 1988, S. 604 ff.

11 Dazu mehr in Kapitel B „Zur Entstehungsgeschichte des Artikels 137 Absatz 3 WRV" und dort in Abschnitt II Punkt 1 und 2a).

12 Vgl. *Christoph Gusy*, Die Weimarer Reichsverfassung, Tübingen 1997, S. 327.

13 Dazu mehr in Kapitel E „Einschränkungen durch die Staatsaufsicht".

als andere Länder von der Möglichkeit, Aufsichtsrechte gegenüber den Religionsgesellschaften wahrzunehmen, Gebrauch machten[14].

III. Staatskirchenverträge

Im weiteren Verlauf der Weimarer Republik traten Staatskirchenverträge als weiteres gestaltendes staatskirchenrechtliches Instrument immer stärker in den Vordergrund.

Im Rahmen der Staatskirchenverträge wurde begrifflich danach unterschieden, mit welchem Vertragspartner die Verträge abgeschlossen wurden. In früheren staatskirchenrechtlichen Epochen war die Möglichkeit einer vertraglichen Einigung in der Beziehung zur katholischen Kirche schon mehrfach genutzt worden[15]. Für Staatskirchenverträge, die mit dem Heiligen Stuhl abgeschlossen wurden, wurde daher der historische Begriff des Konkordats auch innerhalb der Weimarer Republik beibehalten. Solange der Staat durch das landesherrliche Kirchenregiment eine besondere Bindung zu den evangelischen Landeskirchen aufrechterhielt, sahen beide Seiten in der Regel kein Erfordernis zum gemeinsamen Abschluss von Staatskirchenverträgen, den sogenannten Kirchenverträgen. Dieses änderte sich mit dem Wegfall des landesherrlichen Kirchenregiments. Trotz der neu erlangten Eigenständigkeit der evangelischen Kirche wurde der Begriff des Konkordats größtenteils nicht für die Staatskirchenverträge mit den evangelischen Kirchen übernommen[16]. Staatskirchenverträge mit anderen Religionsgesellschaften als der katholischen Kirche wurden insgesamt als Kirchenverträge bezeichnet.

Soweit derartige Konkordate und Kirchenverträge vor 1918 abgeschlossen worden waren, behielten sie auch nach Inkrafttreten der Weimarer Reichsverfassung grundsätzlich ihre Gültigkeit. Es konnte jedoch vorkommen, dass einzelne Regelungen innerhalb der Verträge aufgrund der neuen staatspolitischen Realität gegenstandslos geworden waren. Um dieser Unsicherheit in Bezug auf die Fortgeltung der älteren staatskirchenrechtlichen Verträge entgegenzuwirken, wurde ihr Regelungsgehalt größtenteils in die neu abzuschließenden Verträge einbezogen und der aktuellen Lage angepasst.

---

14 Vgl. *Paul Mikat (Hrsg.)*, Staat und Kirche in der neueren Entwicklung, Darmstadt 1980, S. 6.

15 So z. B. das Wormser Konkordat vom 23. September 1122, welches das Ende des Investiturstreits bedeutete.

16 So aber z. B. *Hans Liermann*, Das evangelische Konkordat in: Archiv des öffentlichen Rechts N. F. 13 (1927), S. 381 ff.

1. Die Diskussion über die Rechtsnatur von Konkordaten und Kirchenverträgen

Schon vor der Zeit der Weimarer Republik war über die genaue Rechtsnatur und damit über die Frage nach der Verbindlichkeit von vertraglichem Staatskirchenrecht diskutiert worden. Diese heute mehrheitlich entschiedene Fragestellung war unter den Staatskirchenrechtlern der Weimarer Zeit noch weithin umstritten.

Zu der Frage, welche Gültigkeit und welche rechtliche Wirkung die staatkirchenrechtlichen Verträge erlangen konnten, wurden in der Weimarer Republik mehrere Theorien vertreten. Diese Theorien stammten bereits aus vorhergehenden staatskirchenrechtlichen Epochen. Die ältere *Privilegientheorie* und die ebenfalls ältere *Legaltheorie* waren in der Weimarer Republik bereits gegenüber der *Vertragstheorie* so weit im Rückzug, dass sie im Rahmen der Auseinandersetzung zwar diskutiert, aber von der überwiegenden Mehrheit der zeitgenössischen Staatskirchenrechtler im Ergebnis schlussendlich abgelehnt wurden[17].

Die *Privilegientheorie* hatte ihren Ursprung im Mittelalter mit seiner Vorstellung einer Einheit von Staat und Kirche. Die *Legaltheorie* entstammte dem Absolutismus und der Unterordnung der Kirchen unter den Staat. Beide Theorien hatten gemeinsam, dass sie nicht von einer beidseitigen Verpflichtung der Vertragspartner ausgingen. Nach der *Privilegientheorie*[18] beruhten die vertraglichen Regelungen auf einseitigen Zugeständnissen vonseiten der Kirchen, die diese jederzeit widerrufen konnten. Die Vertreter der *Legaltheorie*[19] dagegen sahen in dem jeweiligen Vertragsschluss einen staatlichen Akt, welcher die Besonderheit aufwies, dass die jeweilige Kirche ihren Konsens gegeben hatte. Da es sich weiterhin allein um eine staatliche Rechtssetzung handelte, wäre die kirchliche Zustimmung letztlich irrelevant.

---

17 Zu den Theorien über die Natur von Staatskirchenverträgen aus der Sicht der Weimarer Republik vgl. *Ernst Rudolf Huber*, Verträge zwischen Staat und Kirche im Deutschen Reich, Breslau 1930, S. 75 ff.

18 Dazu mit Nachweisen *Paul Schoen*, Die Rechtsgrundlage der Verträge zwischen Staat und Kirche und der Verträge der Kirchen untereinander, in: Archiv des öffentlichen Rechts N. F. 21 (1931/32), S. 317 ff. (S. 319 f.).

19 Vgl. *Philipp Karl Zorn*, Lehrbuch des Kirchenrechts, Stuttgart 1888, S. 182 ff.; *Paul Hinschius*, Allgemeine Darstellung der Verhältnisse zwischen Staat und Kirche, in: Handbuch des öffentlichen Rechts der Gegenwart, Band 1, hg. v. Heinrich Marquardsen, 1887, S. 277.

Die überwiegende Mehrheit der Staatskirchenrechtler der Weimarer Epoche vertrat die *Vertragstheorie*[20]. Nach dieser handelte es sich bei den staatskirchenrechtlichen Verträgen um Abkommen, in welchen sich beide Parteien jeweils rechtsverbindlich verpflichteten. Alle Vertreter der *Vertragstheorie* - unabhängig, welche Vertragsform sie im Einzelnen für diese Verträge annahmen - stimmten darin überein, dass die Staatskirchenverträge von einer Vertragspartei allein weder einseitig interpretiert noch widerrufen werden konnten.

Unter den Anhängern der *Vertragstheorie* war man geteilter Ansicht, welche Position die religiösen Vertragspartner innehatten. Fraglich war, ob es sich bei den Staatskirchenverträgen um koordinationsrechtliche oder um subordinationsrechtliche Verträge handelte. Meist[21] wurde hier zwischen Verträgen mit der katholischen und Verträgen mit der evangelischen Kirche unterschieden.

Die katholischen Konkordate wurden als koordinationsrechtliche Verträge angesehen, da aufseiten der Vertragspartner jeweils ein Völkerrechtssubjekt oder zumindest eine außerhalb der nationalen Rechtsordnung stehende eigenständige historisch gewachsene Macht agierte und somit diese Verträge auf der Ebene einer Gleichordnung als völkerrechtliche Verträge geschlossen wurden. Zum Teil ging man auch davon aus, dass es sich um quasi völkerrechtliche Verträge[22] oder Verträge sui generis[23] handelte; diese weiter gehende Differenzierung hatte jedoch keine praktische Bedeutung und keine Auswirkung auf die weitere Behandlung der Verträge.

---

20 So z. B. *Josef Schmitt*, Kirchliche Selbstverwaltung im Rahmen der Reichsverfassung, Paderborn 1926, S. 4: *Albert Michael Koeniger und Friedrich Giese*, Grundzüge des katholischen Kirchenrechts und des Staatskirchenrechts, 2. Auflage, Bonn 1932, S. 55 ff.

21 Vgl. *Ernst Forsthoff*, Die Verträge zwischen Staat und evangelischer Kirche: zugleich ein Beitrag zur Lehre vom öffentlich-rechtlichen Vertrag, in: Dt.RWiss. 4 (1939), S. 141 ff. (S. 146 f.); *Hans Liermann*, Das evangelische Konkordat in: Archiv des öffentlichen Rechts N. F. 13 (1927), S. 381 ff (S. 389 ff.); *Johann Baptist Sägmüller*, Lehrbuch des katholischen Kirchenrechts. Band 1 Teil 2: Die Quellen des Kirchenrechts, 4. Auflage, Freiburg i. Br. 1925, S. 55 ff.

22 Vgl. *Josef Schmitt*, Kirchliche Selbstverwaltung im Rahmen der Reichsverfassung, Paderborn 1926, S. 4.

23 Vgl. *Paul Schoen*, Die Rechtsgrundlage der Verträge zwischen Staat und Kirche und der Verträge der Kirchen untereinander, in: Archiv des öffentlichen Rechts N. F. 21 (1931/32), S. 317 ff. (S. 343 ff.).

Entgegen ihrer Haltung zu den Konkordaten ging die herrschende Meinung davon aus, dass die Verträge mit der evangelischen Kirche lediglich subordinationsrechtliche Verträge seien. Diesen Verträgen sprach man mehrheitlich nur die Wirkung von Verwaltungsverträgen zu[24]. Begründet wurde diese Differenzierung zwischen katholischer und evangelischer Kirche mit der besonderen Stellung der katholischen Kirche und mit der fehlenden Völkerrechtsfähigkeit der evangelischen Kirche. Da die evangelischen Landeskirchen keine Völkerrechtspersönlichkeit besitzen, handelt es sich bei Verträgen des Staates mit der evangelischen Kirche nicht um völkerrechtliche Verträge. Vor diesem Hintergrund wurden die Vertragspartner nicht als gleichrangig angesehen. Zum anderen seien die evangelischen Landeskirchen im Gegensatz zu der in Rom organisatorisch und hierarchisch zentrierten und durch den Papst vertretenen katholischen Kirche keine dem Staat selbstständig gegenüberstehende Macht.

Entsprechend dem Meinungsstreit innerhalb der *Vertragstheorie* wurde der Abschluss von Staatskirchenverträgen in den einzelnen Ländern unterschiedlich gehandhabt[25]. Übereinstimmend mit der herrschenden Meinung war die Rechtslage in Bayern. So wurde das Bayerische Konkordat von der Bayerischen Landesregierung als völkerrechtlicher Vertrag und als Staatsvertrag verstanden. Dies wird deutlich in dem sogenannten Mantelgesetz vom 15. Januar 1925. In diesem wurde hinsichtlich der Rechtsnatur klar unterschieden. Für das Konkordat stellte das Gesetz fest, dass es „als Staatsvertrag genehmigt" wird. Für die evangelischen Kirchenverträge dagegen enthielt das Gesetz den Passus „werden im Hinblick auf die darin enthaltenen Rechtssätze als Ganzes in Gesetzeskraft beschlossen"[26].

---

24 Vgl. *Ernst Forsthoff,* Die Verträge zwischen Staat und evangelischer Kirche: zugleich ein Beitrag zur Lehre vom öffentlich-rechtlichen Vertrag, in: Dt.RWiss. 4 (1939), S. 141 ff. (S. 146 f.); so auch der bayerische Ministerpräsident *Heinrich Held,* als er im Bayerischen Landtag auf den bayerischen Kirchenvertrag Bezug nahm; zitiert nach: *Hans Liermann,* Das evangelische Konkordat in: Archiv des öffentlichen Rechts N. F. 13 (1927), S. 381 ff. (S. 390).

25 Vgl. *Christoph Link,* Verhältnis von Staat und Kirche, in: Deutsche Verwaltungsgeschichte Band IV: Das Reich als Republik und in der Zeit des Nationalsozialismus, hg. v. Kurt G. A. Jeserich, Hans Pohl und Georg-Christoph von Unruh, Stuttgart 1985, S. 469.

26 So Punkt AI und AII des Mantelgesetzes vom 15. Januar 1929, abgedruckt in: *Werner Weber (Hrsg.),* Die deutschen Konkordate und Kirchenverträge der Gegenwart, Göttingen 1962, Band I, S. 38 und 52.

In Preußen und Baden wich man von dieser Unterscheidung ab und legte stattdessen den Schwerpunkt auf das Paritätsgebot. Die Verträge mit der katholischen Kirche sollten genauso behandelt werden wie die Verträge mit den evangelischen Kirchen. Aus diesem Grund wählte man eine einheitliche Zustimmungsformel für alle Vertragspartner[27]. Damit entsprach die Rechtspraxis in diesen Ländern einer sich neu entwickelnden Ansicht. Insbesondere zum Ende der Weimarer Republik gewann diese Mindermeinung vermehrt an Bedeutung. Ihre Vertreter[28] wendeten sich gegen die Meinung über die subordinationsrechtliche Natur der Kirchenverträge und verfolgten stattdessen eine rein koordinationsrechtliche Auffassung. Vor dem Hintergrund des durch die Verfassung gebotenen Paritätsgebots forderte diese Ansicht, dass Konkordate und Kirchenverträge gleich behandelt werden müssten, da sie grundsätzlich auch gleichartig seien. Die evangelische Kirche sei ebenso selbstständig wie die katholische Kirche. Dieses gelte unabhängig davon, ob es sich bei dem Vertragspartner um ein Völkerrechtssubjekt handle oder nicht. Anknüpfungspunkt für das Problem über die Natur der staatskirchenrechtlichen Verträge war nach dieser Ansicht nicht die Völkerrechtsfähigkeit. Diese sei vielmehr irrelevant für die Frage nach der Rangordnung der Vertragspartner. Seit dem Ende des Kaiserreichs und insbesondere seit der Beseitigung der Reste des landesherrlichen Kirchenregiments und dem Vollzug der organisatorischen Trennung der evangelischen Kirche vom Staat habe sich die Position der evangelischen Kirche der Position der katholischen Kirche angeglichen. Beide seien eigenständige, vom Staat getrennte Institutionen, die über Belange, die sie beträfen, als gleichwertige Vertragspartner Vereinbarungen abschließen könnten[29].

2. Die Kompetenz zum Abschluss von Staatskirchenverträgen

Die Weimarer Reichsverfassung begründete keine generelle Zuständigkeit zum Abschluss von Staatskirchenverträgen. Die Kompetenz

---

27 Vgl. die preußischen Vertragsgesetze vom 3. August 1929 (Preußische Gesetzessammlung S. 123) und vom 26. Juni 1931 (Preußische Gesetzessammlung S. 151) sowie die Vertragsgesetze vom 9. Dezember 1932 (Bad. GVBl. 1933, S. 19 und 31).

28 Vgl. *Paul Schoen*, Die Rechtsgrundlage der Verträge zwischen Staat und Kirche und der Verträge der Kirchen untereinander, in: Archiv des öffentlichen Rechts N. F. 21 (1931/32), S. 317 ff. (S. 347 ff.) mit weiteren Nachweisen.

29 Vgl. *Ernst Rudolf Huber*, Verträge zwischen Staat und Kirche im Deutschen Reich, Breslau 1930, S. 75 ff. mit weiteren Nachweisen.

lag stattdessen - entsprechend der generellen Kompetenzregelungen im Staatskirchrecht[30] - jeweils beim Reich oder bei den Ländern. Eine einheitliche Behandlung oder eine grundsätzliche Zustimmungsverpflichtung zumindest für den Abschluss von Konkordaten ergab sich auch nicht aus Artikel 78 WRV. Die Absätze 1 und 2 des Artikels 78 WRV[31] befassten sich mit den Kompetenzen hinsichtlich der Beziehungen und den Vertragsschlüssen mit „auswärtigen Staaten". Auch nachdem der Papst die Gewalt und Hoheit über den Vatikan zurückerhalten hatte[32], wurden Artikel 78 Absatz 1 und Absatz 2 WRV für Konkordate nicht als einschlägig angesehen. Mehrheitlich ging man davon aus, dass es sich bei dem kirchlichen Vertragspartner eines Konkordats weder um „auswärtige Staaten" noch um „auswärtige Mächte" im Sinne von Artikel 45 Absatz 1 WRV[33] handelte. Inhaltlich bezogen sich diese Verträge auf die innerstaatlichen Verhältnisse zwischen der vertragsschließenden Religionsgesellschaft und dem Staat. Dementsprechend betrafen die Konkordate die Beziehung mit der katholischen Kirche auf dem Gebiet des Deutschen Reiches und nicht die Beziehungen mit dem Heiligen Stuhl in seiner Funktion als Völkerrechtssubjekt[34].

3. Der Abschluss von Staatskirchenverträgen

Im Rahmen ihrer staatskirchenrechtlichen Handlungshoheit waren die Länder - wie oben dargestellt - in der Lage, Staatskirchenverträge abzuschließen, solange und soweit das Reich nicht entsprechende Ver-

---

30 Zu den generellen Kompetenzregelungen innerhalb des Staatskirchenrechts siehe in diesem Kapitel und Abschnitt Punkt 1a).

31 Absatz 1: „Die Pflege der Beziehung zu den auswärtigen Staaten ist ausschließlich Sache des Reiches"; Absatz 2: „In Angelegenheiten, deren Regelung der Landesgesetzgebung zusteht, können die Länder mit auswärtigen Staaten Verträge schließen; die Verträge bedürfen der Zustimmung des Reiches"; abgedruckt in: *Horst Hildebrandt (Hrsg.),* Die deutschen Verfassungen des 19. und 20. Jahrhunderts, 14. Auflage, Paderborn, München, Wien, Zürich 1992, S. 88.

32 Dies geschah offiziell am 11. Februar 1929 mit Abschluss der Lateranverträge; siehe dazu auch Kapitel B „Zur Entstehungsgeschichte des Artikels 137 Absatz 3 WRV" Abschnitt I Punkt 2 b).

33 „Der Reichspräsident vertritt das Reich völkerrechtlich. Er schließt im Namen des Reiches Bündnisse und andere Verträge mit auswärtigen Mächten. Er beglaubigt und empfängt die Gesandten"; abgedruckt in: *Horst Hildebrandt (Hrsg.),* Die deutschen Verfassungen des 19. und 20. Jahrhunderts, 14. Auflage, Paderborn, München, Wien, Zürich 1992, S. 81.

34 Vgl. *Ernst Rudolf Huber,* Verträge zwischen Staat und Kirche im Deutschen Reich, Breslau 1930, S. 91 f.

träge ebenfalls abschloss. Dies bedeutete jedoch nicht, dass die Länder im Verfahren und im Abschluss von Staatskirchenverträgen völlig frei gewesen wären. Wurden durch den möglichen Vertragsinhalt wesentliche Interessen des Reiches betroffen, hatten die einzelnen Länder ihre Treuepflicht gegenüber dem Reich zu beachten. Um dieser Pflicht nachzukommen, informierten die Länder in der Regel die Reichsregierung bereits im Zuge der Vertragsverhandlungen über den Fortgang der Gespräche sowie über den möglichen Vertragsinhalt[35].

4. Die Vertragsgestaltung im Einzelnen

Der allgemeinen Entwicklung folgend waren es insbesondere die Länder, welche sich der vertraglichen Gestaltungsmöglichkeiten bedienten, um Problemfälle und mögliche Konflikte mit den Kirchen auf ihrem Gebiet einvernehmlich zu regeln[36].

In der Zeit der Weimarer Republik geschah der Vertragsschluss mit den großen Kirchen oftmals so, dass erst das jeweilige Konkordat mit dem Heiligen Stuhl abgeschlossen wurde. Im Anschluss daran folgte ein Kirchenvertrag mit der jeweiligen evangelischen Landeskirche, der sich im Wesentlichen an den Inhalt des entsprechenden Konkordats anlehnte und insbesondere Regelungen im Zusammenhang mit den Staatsleistungen an die evangelische Landeskirche enthielt[37]. Als wichtige vertragliche Regelungen sind hier das Bayerische Konkordat und die Bayerischen-Evangelischen Kirchenverträge von 1924, das Preußische Konkordat von 1929, der Preußisch-Evangelische Kirchenvertrag von 1932 sowie das Badische Konkordat und der Badisch-Evangelische Kirchenvertrag von 1932 zu nennen[38]. Inhaltlich beschäftigen sich diese Ver-

---

35 Vgl. *Paul Schoen*, Die Rechtsgrundlage der Verträge zwischen Staat und Kirche und der Verträge der Kirchen untereinander, in: Archiv des öffentlichen Rechts N. F. 21 (1931/32), S. 317 ff (S. 353).

36 Dazu insbesondere *Christoph Link*, Verhältnis von Staat und Kirche, in: Deutsche Verwaltungsgeschichte Band IV: Das Reich als Republik und in der Zeit des Nationalsozialismus, hg. v. Kurt G. A. Jeserich, Hans Pohl und Georg-Christoph von Unruh, Stuttgart 1985, S. 466 ff.

37 Vgl. *Adolf Wilhelm Ziegler*, Religion, Kirche und Staat in Geschichte und Gegenwart, Band 1: Geschichte, München 1969, S. 446 ff.

38 Vertragstexte abgedruckt in: *Ernst Rudolf Huber und Wolfgang Huber (Hrsg.)*, Staat und Kirche im 19. und 20. Jahrhundert. Dokumente zur Geschichte des deutschen Staatskirchenrechts, Band 4: Staat und Kirche in der Zeit der Weimarer Republik, Berlin 1988, Nr. 174 ff.

träge neben den für die Kirchen so wichtigen finanziellen Staatsleistungen insbesondere mit dem intensiv diskutierten Schulwesen[39].

Ein häufiger Diskussionspunkt im Zusammenhang mit dem Abschluss und Inhalt von Staatskirchenverträgen behandelte die Frage, inwieweit der Staat und die Religionsgesellschaft auf dem Wege des Vertragsschlusses eigene Befugnisse abgeben dürften. Dieses betraf insbesondere die Thematik, ob die jeweiligen Religionsgesellschaften durch die Staatskirchenverträge auf Rechte verzichten dürften, die ihnen nach dem Selbstbestimmungsrecht gemäß Artikel 137 Absatz 3 Satz 1 WRV zustanden. Des Weiteren müsse dem Staat erlaubt sein, zusätzlich zu dem Verzicht der betreffenden Religionsgesellschaft seinerseits den verfassungsrechtlich vorgegebenen Umfang der Schrankenregelung des Artikels 137 Absatz 3 WRV auf diesem Wege einzuschränken. Gegen diese Möglichkeit sprach unter anderem die Zuständigkeitsregelung[40] des Artikels 137 Absatz 8 WRV. Demgemäß waren die Länder nur insoweit zum Erlass staatskirchenrechtlicher Regelungen im Rahmen der Materie des Artikels 137 WRV zuständig, als solche Regelungen noch erforderlich waren; dies schloss die Verpflichtung ein, sich an den durch die Verfassung vorgegebenen Rahmen zu halten. Vor diesem Hintergrund waren die Landesregierungen gehindert, von sich aus Konkordate und Kirchenverträge abzuschließen, deren vertragliche Regelung über den Umfang des Artikels 137 Absatz 3 Satz 1 WRV hinausging[41]. Andere Staatskirchenrechtler[42] stellten darauf ab, dass es sich bei dem Selbstbestimmungsrecht um ein unverzichtbares Recht der Religionsgesellschaften handle[43].

---

39 Auf den Inhalt der einzelnen Staatskirchenverträge detailliert einzugehen, würde den Rahmen dieser Arbeit übersteigen. Sollten jedoch einzelne vertragliche Regelungen für hier behandelte Themen von Bedeutung sein, werden sie innerhalb der betreffenden Fragestellungen behandelt.

40 Dazu siehe genauer oben Kapitel A „Rechtsquellen" Abschnitt I Punkt 1.

41 Vgl. insbesondere *Gerhard Anschütz*, Die Verfassung des Deutschen Reichs vom 11. August 1919, unveränderter fotomechanischer Nachdruck der 14. Auflage 1933, Bad Homburg v. d. H., Berlin, Zürich 1968, S. 420.

42 Vgl. *Ernst Rudolf Huber*, Verträge zwischen Staat und Kirche im Deutschen Reich, Breslau 1930, S. 150; a. A. *Josef Mausbach*, Kulturfragen in der Deutschen Verfassung. Eine Erklärung wichtiger Verfassungsartikel, Mönchengladbach 1920, S. 67.

43 Zu diesem Themenkreis siehe auch *Ernst Rudolf Huber*, Deutsche Verfassungsgeschichte seit 1789, Band VI: Die Weimarer Reichsverfassung, revidierter Nachdruck der 1. Auflage, Stuttgart 1993, S. 902 ff.

Wichtigstes Beispiel einer solchen, das Selbstbestimmungsrecht eigentlich verletzenden Regelung war die sogenannte *politische Klausel*, welche vielfach Eingang in die vertraglichen Regelungen fand. So gaben z. B. die badischen Kirchenverträge von 1932[44] den Kirchen die Verpflichtung auf, vor Ernennung des Erzbischofs bzw. vor Bestellung des Kirchenpräsidenten die Landesregierung zu kontaktieren. Die Anfrage beim Staatsministerium hatte dahingehend zu erfolgen, ob gegen die gewünschte Person „Bedenken allgemeinpolitischer Art" bestünden.

Neben den mit den Ländern geschlossenen Verträgen bestand schon früh die Überlegung, diese vertragliche Gestaltungsmöglichkeit auch auf Reichsebene zu übernehmen. Bereits 1919 wurden vonseiten Roms erste Vorstöße zur Entwicklung eines Reichskonkordats unternommen. 1920 wurde dieser Ansatz von der Reichsregierung aufgegriffen. Dringendere Probleme im Reich führten jedoch dazu, dass diese Bemühungen hintangestellt werden mussten. Daraufhin konzentrierte auch die katholische Kirche ihre Anstrengungen wieder vermehrt auf die Länder. Letztendlich konnte das Reichskonkordat erst nach der Machtübernahme durch die Nationalsozialisten am 20. Juli 1933 abgeschlossen werden[45]. Durch das Reichskonkordat wurden die bestehenden staatskirchenrechtlichen Verträge mit der katholischen Kirche auf Länderebene nicht aufgehoben. Dieses stellte Artikel 2 des Reichskonkordats klar, indem auf die Konkordate mit Bayern, Preußen und Baden ausdrücklich Bezug genommen wurde. Andererseits machte Artikel 2 Satz 3 des Reichskonkordats ebenso deutlich, dass zukünftige Länderkonkordate nur „im Einvernehmen mit der Reichsregierung erfolgen"[46] sollten.

Ursprünglich war auch ein entsprechender evangelischer Reichskirchenvertrag geplant; dieser konnte jedoch aufgrund der fortschrei-

---

44 Artikel III des badischen Konkordats und Artikel II des Badisch-Evangelischen Kirchenvertrags von 1932; abgedruckt in: *Ernst Rudolf Huber und Wolfgang Huber (Hrsg.)*, Staat und Kirche im 19. und 20. Jahrhundert. Dokumente zur Geschichte des deutschen Staatskirchenrechts, Band 4: Staat und Kirche in der Zeit der Weimarer Republik, Berlin 1988, Nr. 176 f.

45 Zu der aktuell wieder verstärkt diskutierten Entstehungsgeschichte und den Wirkungen des Reichkonkordats siehe *Thomas Brechenmacher*, Das Reichskonkordat 1933. Forschungsstand, Kontroversen, Dokumente, Paderborn 2007, und grundlegend: *Ludwig Volk*, Das Reichskonkordat vom 20. Juli 1933. Von den Ansätzen in der Weimarer Republik bis zur Ratifizierung am 10. September 1933, Mainz 1972.

46 Abgedruckt unter URL: http://kulturserver-hessen.de/home/zeitzeichen/konkodat.htm (Anmerkung der Verfasserin: Bei der Schreibweise handelt es sich um die korrekte Pfadangabe).

tenden Demontierung der Weimarer Reichsverfassung und ihrer Strukturen nicht mehr realisiert werden[47]. Im Vorfeld einer möglichen Vertragsanbahnung wurde unter anderem diskutiert, ob der Deutsche Evangelische Kirchenbund die Voraussetzungen als Vertragspartner zum Abschluss eines solchen evangelischen Reichskirchenvertrags aufweisen würde[48].

IV. Verbindliche Einzelakte

Neben den genannten Rechtsquellen konnten auch letztinstanzliche Urteile sowie Entscheidungen der jeweiligen Exekutive eine große Auswirkung auf das Selbstbestimmungsrecht der Religionsgesellschaften haben. So erfolgte z. B. die Ausgestaltung besonderer Aufsichtsrechte gegenüber den Religionsgesellschaften, die den Status einer Körperschaft des öffentlichen Rechts besaßen, vielfach in Form von einfachen Verwaltungsvorschriften[49].

---

47 Vgl. *Klaus Scholder*, Die Kirchen und das Dritte Reich, Band 1: Vorgeschichte und Zeit der Illusionen 1918–1934, Frankfurt am Main, Berlin 1986, S. 360.

48 Vgl. dazu insbesondere *Hans Liermann*, Das evangelische Konkordat in: Archiv des öffentlichen Rechts N. F. 13 (1927), S. 381 ff. (S. 403 ff.).

49 Beispiele dazu bei *Ernst Rudolf Huber*, Deutsche Verfassungsgeschichte seit 1789, Band VI: Die Weimarer Reichsverfassung, revidierter Nachdruck der 1. Auflage, Stuttgart 1993, S. 887 ff.

B. Zur Entstehungsgeschichte des Artikels 137 Absatz 3 WRV

I. Vorausgehende Entwicklungen

Eine Eigenart des Staatskirchenrechts besteht darin, dass in diesem Bereich des Verfassungsrechts der Rechtsgeschichte eine weitgehende Bedeutung zukommt. Vielleicht mehr noch als in anderen Bereichen wird im Rahmen staatskirchenrechtlicher Fragestellungen die historische Auslegung herangezogen. Grundsätzliche Strukturen und Begriffe bleiben in diesem Rechtsgebiet oft über mehrere Entwicklungsphasen hinweg erhalten.

Das staatskirchenrechtliche System der Weimarer Republik ist im Grundsatz durch die Regeln der Reichsverfassung von 1919 gestaltet und begrenzt. Der Bruch nach dem Ende des Ersten Weltkriegs war tief greifend und stellte weite Bereiche des Verfassungsrechts vor große Umstrukturierungen. Dennoch ist das Staatskirchenrecht der Weimarer Verfassung nicht unabhängig von den vorausgehenden Entwicklungen errichtet worden. Es ist vielmehr Teil einer langen Entwicklung und insbesondere Ergebnis der Erfahrungen, welche in den unmittelbar vorausgehenden Systemen und Versuchen begründet sind.

1. §147 der Paulskirchenverfassung

„Jede Religionsgesellschaft ordnet und verwaltet ihre Angelegenheiten selbständig, bleibt aber den allgemeinen Staatsgesetzen unterworfen.

Keine Religionsgesellschaft genießt vor andern Vorrechte durch den Staat; es besteht fernerhin keine Staatskirche.

Neue Religionsgesellschaften dürfen sich bilden; einer Anerkennung ihres Bekenntnisses durch den Staat bedarf es nicht."[1]

Die Revolutionsbewegung von 1848 brachte neben vielfältigen Neuerungen auch für das Verhältnis von Kirche und Staat in Deutschland den Beginn einer neuen Entwicklung. Die bis dahin bestehende Abhängigkeit der Kirchen durch den Staat sollte eingeschränkt werden. Der aus dieser Überlegung resultierende §147 der Paulskirchenverfassung entstand nach dem Vorbild der belgischen Verfassung von 1830. Er sah ein garantiertes Recht auf Selbstverwaltung für alle Religionsgesell-

---

1 Die Verfassung des Deutschen Reiches vom 28. März 1849, abgedruckt in: *Horst Hildebrandt (Hrsg.),* Die deutschen Verfassungen des 19. und 20. Jahrhunderts, 14. Auflage, Paderborn, München, Wien, Zürich 1992, S. 18 ff. (S. 22).

schaften vor und basierte auf der Vorstellung einer gewissen Trennung von Staat und Kirche.

Die Norm war entstanden durch eine eigentümliche Verbindung von Liberalen und Ultramontanen[2]. Die Ultramontanen[3] wollten grundsätzlich die katholische Kirche gegen die jeweiligen Nationalstaaten abgrenzen und den Zentralismus in der Kirchenverfassung aufrechterhalten und stärken. Sie verfolgten damit eigentlich eine konträre Zielsetzung zu den Liberalen. Etwas überspitzt ließe sich sagen, dass die Liberalen den Staat von der Kirche befreien wollten und die Katholiken die Kirche vom Staat[4]. Denn die katholische Kirche hatte erkannt, dass die bürgerlichen und politischen Freiheitsrechte auch positive Wirkungen für die Kirchen entfalten konnten. Das bis dahin bestehende Ideal der Verbindung von Kirche und monarchistischem Staat wurde immer mehr abgelöst von der Idee einer abgesicherten selbstständigen Kirche[5].

Anders die Haltung in der evangelischen Kirche: Dort suchte man die eigene Stärkung durch Anlehnung an den Monarchen und verfolgte nicht den Wunsch nach Unabhängigkeit der Kirche[6]. Auch wenn einige ihrer maßgeblichen Vertreter[7] sich der neuen Linie anschlossen - die Basis für das Weiterbestehen des Bündnisses von Thron und Altar war geschaffen.

Es stellte sich nun die Frage, welches „Trennungsmodell" in die zu entwickelnde Verfassung aufgenommen werden sollte. In der Frankfurter Nationalversammlung wurde zu Beginn der Verfassungsdiskussion von katholischer Seite eine klare Trennung nach amerikanischem Vor-

---

2 Vgl. *Martin Heckel*, Zur Entwicklung des deutschen Staatskirchenrechts von der Reformation bis zur Schwelle der Weimarer Verfassung, in: Zeitschrift für evangelisches Kirchenrecht 12 (1966), S. 1 ff. (S. 32).

3 Dazu genauer *Paul von Hoensbroech*, Die ultramontane Moral, in: Das Papsttum in seiner sozialkulturellen Wirksamkeit, Band 2, Leipzig 1906, S. 5 ff.

4 Vgl. *Emil Friedberg*, Die Grenzen zwischen Staat und Kirche und die Garantien gegen deren Verletzung, Tübingen 1872, S. 66.

5 Vgl. *Christoph Link*, Verhältnis von Staat und Kirche, in: Deutsche Verwaltungsgeschichte Band III: Das Deutsche Reich bis zum Ende der Monarchie, hg. v. Kurt G. A. Jeserich, Hans Pohl und Georg-Christoph von Unruh, Stuttgart 1984, S. 530.

6 Vgl. *Jochen Jacke*, Kirche zwischen Monarchie und Republik: Der preußische Protestantismus nach dem Zusammenbruch von 1918, Hamburg 1976, S. 18.

7 Vgl. *Ulrich Scheuner*, Kirche und Staat in der neueren deutschen Entwicklung, in: Zeitschrift für evangelisches Kirchenrecht 8 (1960), S. 225 ff. (S. 238).

bild angestrebt, da man nur so die Unabhängigkeit der Kirche sichern zu können glaubte.

Schon in den Anfängen der Beratungen in der Nationalversammlung bildete sich der sogenannte „Katholische Klub". Es handelte sich dabei um eine lockere Verbindung quer durch die verschiedenen Fraktionen, die es sich zur Aufgabe gemacht hatten, die Interessen der Katholiken zu vertreten. Aus diesen Reihen kam der erste Vorschlag einer verfassungsrechtlichen Garantie, welche eine unabhängige Stellung der Kirchen gewährleisten sollte. „Die bestehenden und neu sich bildenden Religionsgesellschaften sind als solche unabhängig von der Staatsgewalt; sie ordnen und verwalten ihre Angelegenheiten selbständig"[8]. Eine solche völlige Unabhängigkeit der Religionsgesellschaften wurde von der Mehrheit der Mitglieder in der Nationalversammlung[9] abgelehnt; denn man fürchtete eine zu unabhängige Kirche. Dem Staat sollte die Möglichkeit bleiben, gegen eventuelle Übergriffe insbesondere der katholischen Kirche in die staatliche Souveränität vorgehen zu können.

Für die evangelische Kirche sah man die Probleme auf einer anderen Ebene. Aufgrund ihrer engen organisatorischen Verbindung zum Staat könnte, so fürchtete man, eine radikale Trennung zu einer Erschütterung innerhalb der evangelischen Landeskirchen führen[10].

Statt der ersten, sehr weit gefassten Formulierung des „Katholischen Klubs"[11] wurde der Vorschlag des Konstanzer Pfarrers *Dominkus Kuenzer* als zukünftiger §147 in den Verfassungsentwurf übernommen. Hierin erhielten die Religionsgesellschaften zum ersten Mal eine Selbstverwaltungsgarantie in Form einer explizit formulierten Norm von Verfassungsrang, wodurch auch das landesherrliche Kirchenregiment formal aufgehoben wurde. Statt einer besonders ausgestalteten Kirchenhoheit, die dem Staat weiter gehende Eingriffs- und Aufsichtsrechte ermöglichen würde, sollten die Religionsgesellschaften allein den allgemeinen Staatsgesetzen unterworfen sein. Die Schranke des §147 Ab-

---

8 Abgedruckt in: *Klaus Stern*, Das Staatsrecht der Bundesrepublik Deutschland, Band V: Die geschichtlichen Grundlagen des deutschen Staatsrechts. Die Verfassungsentwicklung vom Alten Deutschen Reich zur wiedervereinigten Bundesrepublik Deutschland, München 2000, S. 268.

9 Die Entscheidung fiel mit 957 gegen 99 Stimmen.

10 Vgl. *Klaus Stern*, Das Staatsrecht der Bundesrepublik Deutschland, Band V: Die geschichtlichen Grundlagen des deutschen Staatsrechts. Die Verfassungsentwicklung vom Alten Deutschen Reich zur wiedervereinigten Bundesrepublik Deutschland, München 2000, S. 267.

11 Siehe dazu das Zitat auf der vorhergehenden Seite.

satz 1 Satz 2 PV sollte nicht die Rechte aus Satz 1 wieder nehmen; vielmehr sollten Sondergesetze und religiöse Ausnahmegesetze verhindert werden[12]. Eine besondere staatliche Kirchenaufsicht, wie sie in der späteren Entwicklung der Restaurationszeit wieder angenommen wurde, war nicht vorgesehen. Dieses zeigt sich deutlich in der Ablehnung entsprechender Anträge[13], die eine solche weitgehende Aufsicht verfassungsrechtlich verankert sehen wollten. Dem Staat blieb somit als Eingriffsmöglichkeit nur die allgemeine Vereinshoheit.

Die Frage, ob es sich bei dem staatskirchenrechtlichen System der Frankfurter Verfassung um ein strenges Trennungsmodell handelte[14], soll hier nicht weiter diskutiert werden; festzuhalten bleibt jedoch, dass durch ihre staatskirchenrechtlichen Regelungen erstmalig die Unabhängigkeit der Religionsgesellschaften gegenüber dem Staat verfassungsrechtlich verankert und damit auch ein neuer Weg in der Beziehung von Kirche und Staat beschritten wurde.

Bekanntermaßen trat die Paulskirchenverfassung nicht in Kraft, nachdem das Großbürgertum als der bis dahin treibende Motor der Neuerungen mit der Krone Frieden geschlossen hatte. Die im Rahmen der Nationalversammlung in der Frankfurter Paulskirche entwickelten Gedanken behielten aber weiterhin einen großen Einfluss auf spätere Epochen des Staatskirchenrechts; und als solche sind sie von nicht zu unterschätzender Bedeutung.

---

12 Vgl. *Sun-Ryol Kim,* Die Vorgeschichte der Trennung von Staat und Kirche in der Weimarer Verfassung von 1919 - Eine Untersuchung über das Verhältnis von Staat und Kirche in Preußen seit der Reichsgründung von 1871 (Diss.), Hamburg 1996, S. 16 f.

13 Vgl. die Aufzählung bei *Jörg-Detlef Kühne,* Die Reichsverfassung der Paulskirche - Vorbild und Verwirklichung im späteren deutschen Rechtsleben, 2. Auflage, Neuwied 1998, S. 490.

14 Siehe dazu beispielsweise *Bernd Jeand'Heur und Stefan Korioth,* Grundzüge des Staatskirchenrechts, Stuttgart 2000, S. 240; *Karl-Eugen Schlief,* Die Entwicklung des Verhältnisses von Staat und Kirche und seine Ausgestaltung im Bonner Grundgesetz - Geschichte, Entstehungsgeschichte und Auslegung des Art. 140 GG i. V. m. Art. 137 WRV (Diss.), Münster 1961, S. 28; dagegen: *Jörg-Detlef Kühne,* Die Reichsverfassung der Paulskirche - Vorbild und Verwirklichung im späteren deutschen Rechtsleben, 2. Auflage, Neuwied 1998, S. 498 ff.

2. Die Entwicklung in Preußen

a) Artikel 15 der preußischen Verfassung vom 31. Januar 1850

„Die evangelische und die römisch-katholische Kirche, sowie jede andere Religionsgesellschaft ordnet und verwaltet ihre Angelegenheiten selbständig und bleibt im Besitz und Genuß der für ihre Kultus-, Unterrichts- und Wohltätigkeitszwecke bestimmten Anstalten, Stiftungen und Fonds."[15]

Artikel 15 der preußischen Verfassung von 1850 enthielt die staatskirchenrechtlichen Regelungen zum Selbstverwaltungsrecht der Religionsgesellschaften; diese Norm existierte schon wortgleich als Artikel 12 in der oktroyierten Verfassung von 1848. Auffällig ist, dass Artikel 15 in seiner Formulierung über §147 der Paulskirchenverfassung hinausgeht. Er enthält weder einen ausdrücklichen Gesetzesvorbehalt, noch wird die Möglichkeit des Bestehens einer Staatsaufsicht angesprochen. Nun stellte sich die Frage, wie dieses „Schweigen" des Verfassungstextes zu werten war.

Vonseiten der katholische Kirche[16] wurde der Wortlaut dieser Norm so aufgefasst, dass damit eine über die allgemeine Aufsicht hinausgehende Staatsaufsicht ausgeschlossen sei. Dieser Auffassung widersprachen eine Vielzahl von Staatsrechtlern[17]. Und mit der restaurativen Bewegung der siebziger Jahre des 19. Jahrhunderts wurden diese Stimmen lauter. Sie gingen davon aus, dass eine besondere Staatsaufsicht auch weiterhin möglich sei; denn der Staat habe keinesfalls auf seine Hoheitsrechte verzichten wollen. Um eine weiter gehende, durch besondere Gesetze zu entwickelnde Staatsaufsicht aus Artikel 15 der preußischen Verfassung herleiten zu können, wurde ein „stillschweigender Gesetzesvorbehalt"[18] angenommen.

---

15 Die revidierte Verfassung für den preußischen Staat vom 31. Januar 1850; abgedruckt in: *Horst Hildebrandt (Hrsg.),* Die deutschen Verfassungen des 19. und 20. Jahrhunderts, 14. Auflage, Paderborn, München, Wien, Zürich 1992, S. 12 ff. (13 f.).

16 Vgl. Denkschrift des Episkopats, abgedruckt in: *Ernst Rudolf Huber (Hrsg.),* Quellen zum Staatsrecht der Neuzeit, Band 2: Deutsche Verfassungsdokumente der Gegenwart (1919–1951), Tübingen 1951, S. 54 ff.

17 Vgl. Aufzählung bei *Josef Godehard Ebers,* Staat und Kirche im neuen Deutschland, München 1930, S. 47.

18 *Gerhard Anschütz,* Die Verfassungsurkunde für den preußischen Staat vom 31. Januar 1850, Berlin 1912, S. 290.

Die vermittelnden Stimmen[19] waren seit dem Inkrafttreten der Verfassung davon ausgegangen, dass die Religionsgesellschaften weiterhin den allgemeinen Gesetzen unterworfen blieben. Ein dementsprechender Vorbehalt sei in Artikel 15 der preußischen Verfassung nur deshalb nicht genannt worden, weil er als selbstverständlich anzusehen sei. Diese Argumentation machten sich die Vertreter der gesteigerten Staatsaufsicht zunutze. Ausgehend von diesem Grundgedanken erweiterten sie das Konstrukt des stillschweigenden Gesetzesvorbehalts so weit, dass nach ihrer Ansicht kein Unterschied zwischen allgemeinen und besonderen Staatsgesetzen bestand. Die Religionsgesellschaften seien beidem unterworfen und damit einhergehend auch den Regelungen einer besonderen Staatsaufsicht[20].

Kritiker[21] warfen dieser sehr weiten Interpretation vor, dass sie mit dem Wortlaut der Verfassung nicht in Einklang zu bringen sei und dem Willen des Verfassungsgebers widerspreche. Faktisch komme eine solche Auslegung einem Fortbestand des alten Staatskirchenrechts des Allgemeinen Preußischen Landrechts mit seinen polizeistaatlichen Aufsichtsregelungen gleich. Die Einräumung eines Selbstverwaltungsrechts für die Kirchen ebenso wie für die sonstigen Religionsgesellschaften widerspreche einer solchen Fortführung des überkommenen Systems; vielmehr sei gemäß Artikel 15 der preußischen Verfassung nur eine allgemeine Staatsaufsicht zulässig, da allein diese das Selbstverwaltungsrecht nicht aushöhle.

In den ersten zwanzig Jahren nach Inkrafttreten der Verfassung nahm die preußische Regierung gegenüber der katholischen Kirche keinerlei weiter gehenden Aufsichtsrechte[22] für sich in Anspruch. Damit entsprach die preußische Landesregierung der aktuellen vorherrschenden staatskirchenrechtlichen Grundhaltung. So hatten bereits andere

---

19 Vgl. *Josef Godehard Ebers*, Staat und Kirche im neuen Deutschland, München 1930, S. 48 f.

20 Vgl. *Gerhard Anschütz*, Die Verfassungsurkunde für den preußischen Staat vom 31. Januar 1850, Berlin 1912, S. 294.

21 Vgl. *Wolfgang Rüfner*, Verwaltung in den einzelnen Staaten, in: Deutsche Verwaltungsgeschichte Band II: vom Reichsdeputationshauptschluß bis zur Auflösung des Deutschen Bundes, hg. v. Kurt G. A. Jeserich, Hans Pohl und Georg-Christoph von Unruh, Stuttgart 1983, S. 493 f. mit weiteren Nachweisen.

22 Vgl. *Josef Godehard Ebers*, Staat und Kirche im neuen Deutschland, München 1930, S. 49.

Länder - dem allgemeinen Geist der Zeit folgend - die Religionsgesellschaften ausdrücklich nur einer allgemeinen Aufsicht unterworfen[23].

Die Regelung des Artikels 15 der preußischen Verfassung wirkte sich auf die großen Kirchen ganz unterschiedlich aus. Trotz der ungeklärten Frage, inwieweit die zukünftige Staatsaufsicht in das Selbstverwaltungsrecht der Kirchen eingreifen dürfe, war die katholische Kirche schon bald in der Lage, das Recht zum selbstständigen Ordnen und Verwalten für sich zu nutzen. Denn sie konnte auf eine bestehende hierarchische Verwaltungsorganisation zurückgreifen, in der die kirchliche Gewalt bei den Bischöfen und letztendlich beim Papst lag. Aufgrund der im Gegensatz zum Allgemeinen Preußischen Landrecht eingeschränkten staatlichen Kirchenhoheit war es ihr möglich, eine weiter gehende Unabhängigkeit vom Staat zu erreichen.

Anders gelagert war jedoch die Situation der evangelischen Kirche. Durch das landesherrliche Kirchenregiment war sie eng mit dem preußischen Staat verwoben. Die bischöfliche Gewalt lag beim König, sodass ihr keine eigenständige und unabhängige Verwaltung zur Verfügung stand, mit der sie die neuen Freiheiten hätte umsetzen können. Aber auch hier begann langsam der Prozess der Verselbständigung. 1850 wurde der Evangelische Oberkirchenrat gebildet. Er sollte ursprünglich nur als Übergangslösung bestehen bleiben, bis sich die Kirche eine eigenständige Verfassung gegeben hätte. Seine Kompetenzen erhielt er, indem die evangelische Abteilung aus dem Ministerium für geistliche Angelegenheiten ausgegliedert wurde. Diese neu geschaffene Behörde war zuständig für die innerkirchlichen Angelegenheiten, wie z. B. dogmatische und liturgische Fragen oder Probleme der Synode[24]. Die Aufgaben der Staatskirchenhoheit blieben dagegen weiterhin im Aufgabenbereich des Ministeriums. Diese Aufteilung führte auch im Bereich der evangelischen Kirche zu einer ersten institutionellen Trennung.

Das Provisorium des Oberkirchenrates blieb dauerhaft erhalten. Dies lag unter anderem daran, dass sich die Haltung zum landesherrlichen Kirchenregiment änderte. Entgegen seines Sinngehaltes wurde Artikel 15 der preußischen Verfassung jetzt so ausgelegt, dass ein landesherrliches Kirchenregiment weiterhin möglich blieb. Parallel dazu änderte sich die Argumentation zur Herleitung der Kirchengewalt. Die Kirchengewalt wurde nicht mehr als Annex der Staatsgewalt gesehen,

---

23 So z. B. die Landesverfassung von Waldeck oder - außerhalb des Deutschen Reichs - die Verfassung des Kaiserreichs Österreich-Ungarn.

24 Vgl. *Ernst Rudolf Huber*, Deutsche Verfassungsgeschichte seit 1789, Band III: Bismarck und das Reich, 3. Auflage, Stuttgart 1988, S. 175.

sondern als ein von der Kirche kommendes Regiment[25]. Dieses stand dem König nicht aufgrund seiner Position als Staatsoberhaupt zu, sondern infolge seiner Funktion als Landesherr und der dadurch von der Kirche an ihn übergebenen Verantwortung[26]. Der Oberkirchenrat war somit eine unabhängige Behörde mit vom König ernannten Mitgliedern und nicht ein Teil der allgemeinen Staatsverwaltung[27]. Die Grundlagen zu dieser Herleitung waren bereits durch die *Kollegialtheorie* artikuliert worden, deren Thesen hier zum Teil wieder aufgegriffen wurden. Die *Kollegialtheorie*[28] entstammte der Gedankenwelt der Aufklärung und ihrer Idee des vertraglichen Zusammenschlusses einer Gemeinschaft. Eine solche Gemeinschaft sei auch die Menge der Gläubigen, die sich zum Zwecke der Religionsausübung zusammengeschlossen hätten. Diese Gemeinschaft wurde als selbstständige und vom Staat unabhängige Institution erkannt. Die kirchlichen Belange wurden begrifflich unterschieden und inhaltlich differenziert. Das *ius circa sacra* bestimmte dabei den Bereich, in dem der Monarch im Rahmen der verfassungsrechtlich gesetzten Grenzen die Kirchenhoheit gegenüber allen Religionsgesellschaften ausüben sollte. Das *ius in sacra* sollte grundsätzlich der staatlichen Einflussnahme entzogen sein. Die Kirche habe jedoch die ihr zustehenden innerkirchlichen Rechte, das *ius in sacra*, zunächst der katholischen Kirche übergeben und später - im Zuge der Reformation - dann den reformwilligen Landesfürsten[29]. Diese Rechte stünden weiterhin originär der Gemeinschaft zu und könnten jederzeit von dieser wieder zurückgenommen werden.

---

25 Vgl. *Wolfgang Rüfner*, Verwaltung in den einzelnen Staaten, in: Deutsche Verwaltungsgeschichte Band II: vom Reichsdeputationshauptschluß bis zur Auflösung des Deutschen Bundes, hg. v. Kurt G. A. Jeserich, Hans Pohl und Georg-Christoph von Unruh, Stuttgart 1983, S. 493.

26 Vgl. *Sun-Ryol Kim*, Die Vorgeschichte der Trennung von Staat und Kirche in der Weimarer Verfassung von 1919 - Eine Untersuchung über das Verhältnis von Staat und Kirche in Preußen seit der Reichsgründung von 1871 (Diss.), Hamburg 1996, S. 16.

27 Vgl. *Ernst Rudolf Huber*, Bedeutungswandel der Grundrechte, in: Archiv des öffentlichen Rechts N. F. 23 (1933), S. 1 ff. (S. 64).

28 Vgl. *Klaus Schlaich*, Kirchenrecht und Vernunftrecht. Kirche und Staat in der Sicht der Kollegialtheorie, in: Zeitschrift für evangelisches Kirchenrecht 14 (1968/69), S. 1 ff.

29 Vgl. *Johannes Heckel*, Cura religionis, ius in sacra, ius circa sacra, in: Festschrift für Ulrich Stutz zum siebzigsten Geburtstag, Neudruck der Ausgabe von 1938, Amsterdam 1969, S. 224 ff.

Diese Überlegung, die der Kirche eine weiter gehende Selbstständigkeit zugestanden hätte, konnte sich zum Zeitpunkt der Machtfülle des absoluten Staates nicht durchsetzen. Neben den soeben beschriebenen Ansätzen zu einer verwaltungsrechtlichen Trennung wurden die Ideen der *Kollegialtheorie* auch 1918 mit dem Ende des landesfürstlichen Einflusses auf die Kirchen zum Teil als Erklärungs- und Begründungshilfe wieder aufgegriffen, als es um die Frage ging, wem die kirchlichen Rechte der ehemaligen Landesfürsten zuständen.

Während auf der einen Seite die Selbstständigkeit der Kirchen vorangetrieben wurde, blieb die Interpretation des Artikels 15 der preußischen Verfassung weiterhin in lebhafter Diskussion. Die neue, dem Staat mehr Eingriffsmöglichkeiten eröffnende Interpretation des Artikels 15 der preußischen Verfassung vom 13. Januar 1850 war von Anfang an fragwürdig, sodass man sich im Zuge der Kulturkampfgesetzgebung zum Erlass eines Verfassungszusatzes entschloss.

b) Der Zusatz durch die Kulturkampfgesetze vom 5. April 1873

„Die evangelische und die römisch-katholische Kirche, sowie jede andere Religionsgesellschaft ordnet und verwaltet ihre Angelegenheiten selbständig, bleibt aber den Staatsgesetzen und der gesetzlich geordneten Aufsicht des Staates unterworfen.

Mit der gleichen Maßgabe bleibt jede Religionsgesellschaft im Besitz und Genuß der für ihre Kultus-, Unterrichts- und Wohltätigkeitszwecke bestimmten Anstalten, Stiftungen und Fonds.“[30]

Im Anschluss an den Krieg von 1870/71 und die Reichsgründung kam es zwischen Staat und katholischer Kirche zum Konflikt - dem Kulturkampf[31]. Da die Gesetzgebungskompetenz bis auf vereinzelte Ausnahmen bei den Ländern lag, bildete sich der Konflikt in den einzelnen Ländern unterschiedlich stark aus. Hauptschauplatz war Preußen. Hier versuchte die Regierung unter Kanzler *Otto von Bismarck*, die von der katholischen Kirche bisher genutzten Freiheiten wieder einzuschränken.

[30] Die revidierte Verfassung für den preußischen Staat vom 31. Januar 1850; abgedruckt in: *Horst Hildebrandt (Hrsg.)*, Die deutschen Verfassungen des 19. und 20. Jahrhunderts, 14. Auflage, Paderborn, München, Wien, Zürich 1992, S. 12 ff. (S. 14 Fn. 1).

[31] Der Begriff stammt von Rudolf Virchow, der ihn in einer Rede im Preußischen Landtag am 17. Januar 1873 erstmals gebrauchte.

Die Motive, die zum Kulturkampf führten, waren vielfältig[32] und lagen in inner- wie außerstaatlichen bzw. innerkirchlichen Problemfeldern begründet. Als ein innerkatholischer Streit um das Erste Vatikanische Konzil[33] ausbrach, kollidierten kirchliche Autorität und Staatsgewalt. Viele Katholiken, darunter auch Geistliche, wollten sich den Beschlüssen des Papstes nicht unterwerfen. Problematisch für den Staat wurde es dort, wo von ihm bezahlte Theologen exkommuniziert und aus ihrem Kirchenamt entfernt wurden. Es stellte sich die Frage, inwieweit die Bezüge der Betroffenen in einem solchen Fall weitergeleistet werden mussten oder durften, d. h., in wessen Zuständigkeitsbereich die Entscheidung der Amtsenthebung im Rahmen staatlicher Ämterverhältnisse fiel[34].

Als außenpolitisches Motiv bot die Römische Frage[35] im Streit Italiens mit dem Vatikan die Möglichkeit, das Kräfteverhältnis der Staaten zu ändern und Italien an das Deutsche Reich zu binden; im Gegensatz dazu forderten die katholischen Kreise eine Unterstützung der katholischen Kirche[36]. Auch wenn diese Motive das politische Klima mitbestimmten, so waren es vor allem die innerpolitischen Hintergründe, die den Ausschlag gaben, dass man im Wege der Gesetzgebung tätig wurde.

Otto von Bismarck sah in dem politischen Katholizismus, der sich vor allem durch die an Einfluss gewinnende Zentrumspartei artikulierte, eine Gefahr für das noch junge Deutsche Reich. Hier befürchtete er Kräfte, die die Reichseinheit gefährden könnten; denn viele Katholiken hätten statt der sogenannten „klein-deutschen Lösung“ eines Deutschen

---

32 Ausführlich *Ernst Rudolf Huber*, Deutsche Verfassungsgeschichte seit 1789, Band IV: Struktur und Krisen des Kaiserreichs, revidierter Nachdruck der 2. Auflage 1969, Stuttgart 1994, S. 651 ff.

33 Das Erste Vatikanische Konzil (Vaticanum I) wurde von Papst Pius IX. einberufen und fand vom 8. Dezember 1869 bis zum 20. Oktober 1870 statt.

34 Diese Frage wurde auch in der Weimarer Republik heftig diskutiert, siehe dazu Abschnitt C „Der Inhalt des Artikels 137 Absatz 3 WRV“ Kapitel II Punkt 3 c).

35 Am 20. September 1870 hatten italienische Truppen den Kirchenstaat eingenommen, woraufhin ein fast 60 Jahre andauernder diplomatischer Konflikt um den staatsrechtlichen Status des Vatikans ausbrach.

36 Vgl. *Josef Höfer und Karl Rahner (Hrsg.)*, Lexikon für Theologie und Kirche, Band 6: Karthago bis Marcellino, 2. Auflage, Freiburg i. Br. 1986, S. 673.

Reichs unter Führung Preußens die „groß-deutsche Idee" unter Führung des katholischen Österreichs bevorzugt[37].

Der Kanzler unterstellte den Vertretern des politischen Katholizismus, dass sie einen „kirchlichen Absolutismus"[38] und die Idee eines modernen, fremdgesteuerten Priesterstaates verfolgen würden. Sein Augenmerk richtete er besonders auf das Zentrum. Für ihn handelte es sich um eine von außen gesteuerte Partei, die sich mit den polnischen, elsässischen und welfischen dezentralistischen Kräften, den sogenannten „Reichsfeinden"[39], verbündete. Tatsächlich existierte in der deutschen Parteienlandschaft mit dem Zentrum eine politische Partei, die eine enge Verbindung zur katholischen Kirche unterhielt und aufgrund ihrer wachsenden Bedeutung ein politisches Gegengewicht bilden konnte. Auch machte das Zentrum von jeher seinen Anspruch deutlich, die Belange der Katholiken und Roms zu vertreten, und verband in seinem Programm politische und kirchliche Ziele.

Ein weiterer Beweggrund für *Otto von Bismarcks* feindliche Haltung war das mit dem Ersten Vatikanischen Konzil gefestigte Unfehlbarkeitsdogma des Papstes und dessen Anspruch auf unmittelbare Jurisdiktionsgewalt. Um diesen „Gefahren" aus dem Weg zu gehen, bestand insbesondere innerhalb der preußischen Regierung der Wunsch, das absolutistische Staatskirchentum wiederzubeleben. Diese Zielsetzung konnte jedoch nicht verwirklicht werden. Stattdessen wurde mit den Mitteln der Gesetzgebung die Staatskirchenhoheit über die Kirchen wiederhergestellt. Unabhängig von den äußeren Faktoren lag damit der Kern des Konfliktes in der grundsätzlichen Frage der Grenzziehung zwischen Staat und Kirche.

In den siebziger Jahren des 19. Jahrhunderts folgten viele Maßnahmen der preußischen Regierung, die das Klima zwischen Staat und katholischer Kirche, aber auch gegenüber der katholischen Bevölkerung erheblich belasteten. Der erste Schritt betraf die Organisation des preußischen Kultusministeriums. 1871 wurde die bis dahin innerhalb des Ministeriums bestehende katholische Abteilung aufgelöst. Offiziell geschah dies, um gegenüber den Konfessionen eine einheitliche staatliche Linie

---

37 Vgl. *Ernst Rudolf Huber*, Deutsche Verfassungsgeschichte seit 1789, Band IV: Struktur und Krisen des Kaiserreichs, revidierter Nachdruck der 2. Auflage 1969, Stuttgart 1994, S. 652 ff.

38 Zitiert nach *Roman Herzog (Hrsg.)*, Evangelisches Staatslexikon, Band I A–M, 3. Auflage, Stuttgart 1987, S. 1932.

39 Zitiert nach *Hans Rothfels (Hrsg.)*, Bismarck und der Staat - ausgewählte Dokumente, 4. Auflage, Darmstadt 1968, S. 330.

zu vertreten. Hintergrund dieser Entscheidung war wohl auch der Wunsch, eine Einflussplattform der katholischen Kirche innerhalb des preußischen Staates zu unterbinden, galt die Abteilung doch weithin als durch die Bewegung des Ultramontanismus beeinflusst[40].

Erste verschärfte Spannungen kamen auf, nachdem sich die Mehrheit der deutschen Bischöfe den päpstlichen Beschlüssen unterworfen hatte und mit kirchendisziplinarischen Maßnahmen gegen diejenigen vorging, die dies nicht getan hatten. Die preußische Regierung verhängte daraufhin eigene Sanktionen. Die sogenannte Temporaliensperre bewirkte die Einbehaltung staatlicher Finanzleistungen, die ansonsten dem jeweiligen Bischof zugestanden hätten. Darüber hinaus wurde auch eine Amtssperre in Betracht gezogen, vom preußischen König jedoch nicht gebilligt[41]. Weiterhin gab das preußische Schulaufsichtsgesetz alle Aufsichtsmittel über die Schulen an staatliche Stellen.

Ab 1871 wurden erste gesetzliche Regelungen auf Reichsebene getroffen. So wurde in das StGB der sogenannte Kanzelparagraph (§ 130 a)[42] eingeführt, der es Geistlichen verbot, von der Kanzel aus - im weitesten Sinne - politisch Einfluss zu nehmen. Es handelte sich um ein Ausnahmegesetz nach italienischem Vorbild, das jedoch im Widerspruch zu den liberalen und rechtsstaatlichen Grundsätzen des Reiches stand. 1872 folgte das „Jesuitengesetz", welches Niederlassungen des Ordens der Gesellschaft Jesu in Deutschland untersagte und die Möglichkeit von Aufenthaltsbeschränkungen für seine Mitglieder vorsah.

Der nachhaltigste Eingriff in die inneren Angelegenheiten der Kirchen erfolgte 1873 mit den sogenannten „preußischen Maigesetzen" und der zu ihrer Vorbereitung ergehenden Verfassungsänderung. Am 5. April 1873 erhielt Artikel 15 der preußischen Verfassung von 1850 durch das sogenannte Deklarationsgesetz den Zusatz „bleibt aber den

---

40 Vgl. *Sun-Ryol Kim*, Die Vorgeschichte der Trennung von Staat und Kirche in der Weimarer Verfassung von 1919 - Eine Untersuchung über das Verhältnis von Staat und Kirche in Preußen seit der Reichsgründung von 1871 (Diss.), Hamburg 1996, S. 58 ff.

41 Vgl. *Klaus Stern*, Das Staatsrecht der Bundesrepublik Deutschland, Band V: Die geschichtlichen Grundlagen des deutschen Staatsrechts. Die Verfassungsentwicklung vom Alten Deutschen Reich zur wiedervereinigten Bundesrepublik Deutschland, München 2000, § 128 IV 2.

42 „Ein Geistlicher [...], welcher [...] die Angelegenheiten des Staates in einer den öffentlichen Frieden gefährdenden Weise zum Gegenstande einer Verkündung oder Erörterung macht, wird mit Gefängnis oder Festungshaft bis zu zwei Jahren bestraft".

Staatsgesetzen und der gesetzlichen geordneten Aufsicht des Staates unterworfen". Dieser Zusatz wurde vor allem erlassen, um die Streitigkeiten bezüglich der Verfassungsauslegung zugunsten der Staatsaufsicht zu entscheiden, wohl aber auch, um weitere einschränkende Gesetze im Zuge des sich ausbreitenden Kulturkampfes erlassen zu können. Tatsächlich gingen die daraufhin erlassenen Gesetze zum Großteil über diesen Zusatz hinaus und waren nicht von ihm gedeckt. Der Begriff der Deklaration wurde gewählt, um den Verfassungszusatz als bloße Interpretation darstellen zu können. Mit dieser Formulierung hoffte man, die kritischen Stimmen gegen eine weite Auslegung des bisherigen Verfassungstextes zum Verstummen zu bringen. Wichtiger war jedoch, dass man glaubte, auf diesem Wege dem Zusatz eine rückwirkende Wirksamkeit geben zu können[43]. Wie oben ausgeführt[44], konnte es sich bei diesem Zusatz nicht um eine klarstellende Interpretation handeln, da eine solche nicht von dem bisherigen Verfassungstext gedeckt wurde. Vielmehr wurde der bisherige Inhalt faktisch ins Gegenteil verkehrt, indem die Aufsicht über die Kirchen wieder eingeführt wurde. Des Weiteren ermöglichte der Zusatz, die Grenzen der kirchlichen Selbstständigkeit nach staatlichem Ermessen frei zu bestimmen.

Die „Maigesetze"[45] selbst griffen tief in das kirchliche Selbstverwaltungsrecht ein. Sie stellten Voraussetzungen über die Vorbildung der Geistlichen auf, von denen ein „Kulturexamen" zum Nachweis der wissenschaftlichen Bildung gefordert wurde, und sie verlangten für die Amtsübernahme eine Anzeigepflicht mit staatlicher Einspruchsmöglichkeit. Ein zweites Gesetz befasste sich mit der Errichtung eines Sondergerichtshofes und mit der kirchlichen Disziplinargewalt. Der Gebrauch kirchlicher Zwangs- und Zuchtmittel wurde beschränkt. Der freie Austritt aus der Kirche wurde in der Form ermöglicht, dass er nicht mehr der kirchlichen Genehmigung bedurfte, sondern lediglich vor einem allgemeinen staatlichen Gericht angezeigt werden musste.

---

43 Gegen die rückwirkende Geltung sprach sich sogar der ansonsten für den Zusatz argumentierende *Gerhard Anschütz* aus; vgl. *Gerhard Anschütz*, Die Verfassungsurkunde für den preußischen Staat vom 31. Januar 1850, Berlin 1912, S. 292.

44 Siehe dazu in diesem Kapitel und Abschnitt Punkt 2 a).

45 Abgedruckt in *Ernst Rudolf Huber (Hrsg.)*, Quellen zum Staatsrecht der Neuzeit, Band 2: Deutsche Verfassungsdokumente der Gegenwart (1919–1951), Tübingen 1951, S. 279 ff.

Zweck dieser Gesetze war es, eine von Rom unabhängige „nationale Staatskirche"[46] zu entwickeln. Als Resultat auf die Maigesetze bildete sich passiver Widerstand in der katholischen Bevölkerung. So meldeten sich Theologiestudenten nicht zum Kulturexamen, und Amtsanzeigen unterblieben[47]. Diesen Widerstand konnte der Staat auch nicht dadurch brechen, dass er insbesondere gegen katholische Geistliche rigorose Strafmaßnahmen wie Geldstrafen, Verhaftungen, Amtsenthebungen oder sogar Verbannungen verhängte.

c) Die Verfassungsänderung vom 18. Juni 1875[48]

1875 spitzte sich die Situation weiter zu. Zu Beginn des Jahres wurden die bis dahin erlassenen Kulturkampfgesetze von *Papst Pius IX.* als nicht mit der „göttlichen" Verfassung der katholischen Kirche übereinstimmend und somit für ungültig erklärt[49]. Als Reaktion darauf trat im April das sogenannte „Brotkorbgesetz" in Kraft. Nach dieser Regelung sollten Geistliche ihre staatlichen Leistungen erst erhalten, nachdem sie die Staatsgesetze schriftlich anerkannt hatten. Keiner der Bischöfe und nur ein verschwindend geringer Teil der Priester kam diesem Gesetz nach[50]. Durch ein späteres Gesetz wurden alle katholischen Orden mit Ausnahme der krankenpflegenden aufgehoben. Die schon seit 1874 in Preußen bestehende obligatorische Zivilehe wurde durch das Personenstandsgesetz im ganzen Reich eingeführt.

Als Konsequenz der Verhärtung des Kulturkampfes sollte 1875 die uneingeschränkte staatliche Kirchenhoheit wiedereingeführt werden. Aus diesem Grund kam es am 18. Juni 1875 zu einer Verfassungsänderung, durch welche Artikel 15 gänzlich aufgehoben wurde – und damit

---

46 *Görres-Gesellschaft (Hrsg.)*, Staatslexikon: Recht, Wirtschaft, Gesellschaft, Band 5: Konsumentenkredit bis Ökumenische Bewegung, 3. Auflage Freiburg i. Br. 1960, S. 183.

47 *Christoph Link*, Verhältnis von Staat und Kirche, in: Deutsche Verwaltungsgeschichte Band III: Das Deutsche Reich bis zum Ende der Monarchie, hg. v. Kurt G. A. Jeserich, Hans Pohl und Georg-Christoph von Unruh, Stuttgart 1984, S. 554.

48 Die revidierte Verfassung für den preußischen Staat vom 31. Januar 1850; abgedruckt in: *Horst Hildebrandt (Hrsg.)*, Die deutschen Verfassungen des 19. und 20. Jahrhunderts, 14. Auflage, Paderborn, München, Wien, Zürich 1992, S. 12 ff. (S. 14 Fn. 1).

49 Vgl. *Reinhold Zippelius*, Staat und Kirche – eine Geschichte von der Antike bis zur Gegenwart, München 1997, S. 145.

50 Vgl. *Josef Höfer und Karl Rahner (Hrsg.)*, Lexikon für Theologie und Kirche, Band 6: Karthago bis Marcellino, 2. Auflage Freiburg i. Br. 1986, S. 674.

auch das verfassungsrechtlich garantierte Selbstverwaltungsrecht. So wurde faktisch der Zustand des ALR wiederhergestellt, was jedoch nicht die Rückkehr zum Staatskirchentum bedeutete.

Bis Anfang 1878 blieb die feindliche Stimmung in Preußen und im restlichen Reich bestehen. Auch wenn die Organisation der katholischen Kirche stark geschwächt war (9 Bistümer und 1.000 Pfarreien in Preußen waren verwaist[51]), hatte die Intensität des katholischen Widerstands nicht nachgelassen[52]. Als *Papst Pius IX.* 1875 starb, war das die Möglichkeit für *Otto von Bismarck*, im Konflikt einzulenken, ohne sein Gesicht zu verlieren. Mehrere sogenannte „Milderungs- und Friedensgesetze" hoben einen Großteil der Kulturkampfgesetze auf, woraufhin *Papst Leo XIII.* am 23. Mai 1878 den Kulturkampf für beendet erklärte.

Der Kulturkampf war auf beiden Seiten der Versuch, die eigene Machtstellung zu festigen und die Grenzen des jeweiligen Wirkungsbereichs selbstständig zu ziehen. *Otto von Bismarcks* Streben, die hierarchische Struktur der katholischen Kirche im Kaiserreich abzulösen und eine nationale, an den Staat gebundene Kirche zu schaffen, war gescheitert. Der Kampf gegen das Zentrum hatte die Partei nicht geschwächt; vielmehr hatte deren politische Bedeutung während des Konfliktes noch zugenommen[53]. Aber auch die katholische Kirche scheiterte dort, wo sie ihrerseits die eigenen Machtgrenzen überschreiten wollte. So war ein Ergebnis des Kulturkampfes der endgültige Übergang der Regelungsbefugnisse über Ehe, Schule und Universität an den Staat; und damit war ein wichtiger Schritt in Richtung eines zukünftigen Staatskirchenrechtssystems vollzogen. Andererseits blieb das Misstrauen weiter Teile der katholischen Bevölkerung gegenüber dem Staat noch weit über den Kulturkampf hinaus bestehen[54].

---

51 *Johannes Wallmann*, Kirchengeschichte Deutschlands seit der Reformation, 5. Auflage, Tübingen 2000, S. 255.

52 So kam es z. B. zu verstärkten Aktivitäten innerhalb des katholischen Vereinswesens; vgl. *Johannes Wallmann*, Kirchengeschichte Deutschlands seit der Reformation, 5. Auflage, Tübingen 2000, S. 254.

53 So ging das Zentrum aus den Reichstagswahlen von 1874 gestärkt hervor, indem es seine Wählerschaft um fast 50 % erhöhen konnte. Ergebnis abgedruckt unter URL: http://www.bundestag.de/geschichte/infoblatt/wahlen_kaiserreich.pdf

54 *Christoph Link*, Verhältnis von Staat und Kirche, in: Deutsche Verwaltungsgeschichte Band III: Das Deutsche Reich bis zum Ende der Monarchie, hg. v. Kurt G. A. Jeserich, Hans Pohl und Georg-Christoph von Unruh, Stuttgart 1984, S. 555.

Trotz Beilegung des Kulturkampfes hatte das System der Kirchenhoheit bis zum Ende des Kaiserreiches Bestand. Dieses staatskirchenrechtliche System war geprägt durch die wiederhergestellte kirchliche Selbstständigkeit, der eine besondere Staatsaufsicht gegenüberstand, welche dem Staat weitgehende Einwirkungs- und Kontrollrechte gab. Den Kirchen wurde die Selbstverwaltung in „ihren Angelegenheiten" gewährt, in weltlichen Angelegenheiten lag die Zuständigkeit beim Staat. Die überkommene Unterscheidung des Systems des Staatskirchentums zwischen den inneren oder geistlichen Angelegenheiten (*ius in sacra*) und den Externa (*ius circa sacra*) [55] war damit eigentlich überholt, die Begriffe wurden aber oft noch weiter benutzt[56].

Als Angelegenheiten der Kirchen wurden nur solche angesehen, die rein kirchliche Belange betrafen; alle sonstigen Aufgaben, die eine irgendwie geartete Beziehung nach außen hatten, wurden der staatlichen Hoheit unterstellt. Die Entscheidung der Abgrenzung beider Angelegenheiten behielt sich der Staat vor. Auch wenn der Selbstverwaltung der Religionsgesellschaften im System der Staatskirchenhoheit nur ein relativ begrenzter Freiraum zugestanden wurde, so zeigte sich die Verschiedenheit zwischen Staat und Kirche auch in den jeweiligen Aufgabenbereichen immer deutlicher.

Bis zum Ende des Kaiserreichs blieb das kirchenrechtliche System in dieser Form bestehen; dabei kam es nicht mehr zu größeren Auseinandersetzungen zwischen Staat und Kirche. Die Erkenntnisse der dargestellten Entwicklungsschritte beeinflussten in unterschiedlichem Maße die Mitglieder der Nationalversammlung von 1918, als sie über das künftige Staatskirchenrechtssystem der Reichsverfassung von Weimar entschieden.

---

55 Zu den beiden Begriffen siehe *Johannes Heckel*, Cura religionis, ius in sacra, ius circa sacra, in: Festschrift für Ulrich Stutz zum siebzigsten Geburtstag, Neudruck der Ausgabe von 1938, Amsterdam 1969, S. 224 ff.

56 Vgl. Nachweise bei *Karl-Eugen Schlief*, Die Entwicklung des Verhältnisses von Staat und Kirche und seine Ausgestaltung im Bonner Grundgesetz – Geschichte, Entstehungsgeschichte und Auslegung des Art. 140 GG i. V. m. Art. 137 WRV (Diss.), Münster 1961, S. 30.

II. Maßnahmen und Standpunkte im Vorfeld der Verfassungsdiskussion

1. Kirchenpolitische Maßnahmen der Übergangsregierungen am Beispiel Preußens

In der Schwebelage der Übergangszeit war es fraglich, wem die Regelung der anstehenden staatskirchenrechtlichen Fragen zustand. In den vorhergegangenen Verfassungen lag die Kompetenz im Rahmen des Staatskirchenrechts größtenteils bei den Ländern. Dies erklärt, warum sich die Übergangsregierung des Reiches mit Stellungnahmen oder Maßnahmen in diesem Bereich zurückhielt. So wurde im „Aufruf des Rates der Volksbeauftragten an das deutsche Volk“[57] vom 12. November 1918 lediglich erklärt, dass die Religionsfreiheit gewährleistet werde; auf die Rechte der Religionsgesellschaften ging man nicht ein. Damit lag die Kirchenpolitik in der Umbruchphase weiterhin bei den Landesregierungen.

Nachdem es keinen Landesfürsten mehr gab, der die Rechte des Summepiskopats ausführen konnte, stellte sich die Frage, was nun mit dem landesherrlichen Kirchenregiment geschehen sollte und wem die Ausübung der bestehenden Funktionen zustand. Hierzu wurden vor allem zwei Alternativen praktiziert. Angelehnt an die Ideen der *Kollegialtheorie*[58] gingen in einigen Ländern die Rechte an die Landeskirchen zurück - sei es, weil die Kirchen dies unwidersprochen selbst erklärten[59], oder weil schon vorher bestehende Regeln dies so festlegten[60]. In anderen Ländern[61] kam es zu einer Art „republikanischen Staatskirchentums“[62], indem die Übergangsregierungen oder einzelne Minister das Kirchenregiment übernahmen.

In der Zeit der ersten Regelungen und Erlasse nach dem Sturz der Monarchie war weder für die jeweiligen Übergangsregierungen noch für die Kirchen deutlich zu erkennen, wie sich das beidseitige Verhältnis

---

57 Text abgedruckt in: *Ernst Rudolf Huber (Hrsg.)*, Dokumente zur deutschen Verfassungsgeschichte, Band 3: Dokumente der Novemberrevolution und der Weimarer Republik 1918–1933, Stuttgart, Berlin, Köln, Mainz 1966, Nr. 7, S. 6 f.

58 Siehe dazu in diesem Kapitel Abschnitt I Punkt 2a).

59 So z. B. in Oldenburg und Hessen.

60 Z. B. in Württemberg und Baden.

61 Vor allem in Preußen oder in den Hansestädten.

62 *Hans Liermann*, Deutsches evangelisches Kirchenrecht, in: Bibliothek des öffentlichen Rechts, Band 5, Stuttgart 1933, S. 179.

entwickeln würde. Vonseiten der Landesregierungen gab es Vorstöße in Richtung eines strengen Trennungsmodells, aber es gab auch Maßnahmen, die höchstens in die Zeit der Staatskirchenhoheit gepasst hätten. Die Unsicherheiten und ersten Versuche auf dem Weg zu einem neuen System des Staatskirchenrechts werden hier exemplarisch am Beispiel Preußens als dem größten Land dargestellt.

Am 13. November 1918 gab die preußische Übergangsregierung in einem Aufruf „an das preußische Volk" zwei Ziele bekannt, welche die Stellung der Kirchen direkt betrafen, und zwar die „Befreiung der Schule von jeglicher kirchlicher Bevormundung" sowie die „Trennung von Staat und Kirche"[63]. Diese etwas unklaren Aussagen sollten durch Erlasse der Regierung bald konkretisiert werden. Jedoch war die genaue Ausgestaltung des Verhältnisses von Staat und Kirche in der entstehenden Republik im preußischen Kultusministerium selbst umstritten. Denn die Übergangsregierung in Preußen bestand aus Mitgliedern der Unabhängigen Sozialdemokratischen Partei Deutschlands (USPD) und aus Mitgliedern der Mehrheitssozialdemokratischen Partei Deutschlands (MSPD). Um ein Gleichgewicht zwischen den in ganz Deutschland seit 1917 selbstständigen ehemaligen Flügeln der SPD zu schaffen, war jeder Ministerposten doppelt besetzt worden. Das für staatskirchenrechtliche Fragen verantwortliche Kultusministerium[64] wurde von *Adolph Hoffmann* (USPD) und von *Konrad Haenisch* (MSPD) geleitet. Es handelte sich bei den beiden Ministern um zwei sehr ungleiche Charaktere, die auch in der Handhabung ihrer jeweiligen Politik gegenüber den Religionsgesellschaften unterschiedlich vorgingen.

Dass *Adolph Hoffmann* Kultusminister wurde, schien für eine eher kirchenfeindliche Politik zu sprechen. *Adolph Hoffmann* gehörte der Kirchenaustrittsbewegung[65] an und war schon früher aufgrund einer kirchenkritischen Veröffentlichung[66] als „Zehn-Gebote-Hoffmann" bekannt

---

63 Abgedruckt in: *Ernst Rudolf Huber und Wolfgang Huber (Hrsg.)*, Staat und Kirche im 19. und 20. Jahrhundert. Dokumente zur Geschichte des deutschen Staatskirchenrechts, Band 4: Staat und Kirche in der Zeit der Weimarer Republik, Berlin 1988, S. 7.

64 Das ehemalige „Ministerium für geistige und Unterrichtsangelegenheiten" wurde seit November 1918 „Ministerium für Wissenschaft, Kunst und Volksbildung" genannt.

65 Vgl. „Kirchenaustrittsbewegung" in: *Kurt Galling (Hrsg.)*, Die Religion in Geschichte und Gegenwart, Band 3: H–Kon, 3. Auflage, Tübingen 1959, Sp. 1344 ff.

66 Vgl. *Adolph Hoffmann*, Die zehn Gebote und die besitzende Klasse – nach den gleichnamigen Vorträgen, 13. Auflage, Berlin 1904.

geworden. Auch der von der MSPD gestellte Minister *Konrad Haenisch* war ein Vertreter des Grundsatzes, Religion sei eine Privatsache; er war somit Befürworter einer strikten Trennung von Staat und Kirche. Jedoch hatte er sich während des Krieges verständnisvoll für religiöse Belange gezeigt[67], sodass man ein eher gemäßigtes Vorgehen von ihm erwartete.

Beide Minister verfolgten den Trennungsgedanken in unterschiedlicher Form und Schärfe. Die Gegensätze spiegelten sich insbesondere in der Frage wider, welcher Art die Trennung sein sollte und in welcher Geschwindigkeit sie vollzogen werden sollte, d. h., ob und welche Übergangsregelungen nötig sein würden.

Nach dem Willen *Adolph Hoffmanns* sollten die umfassenden Änderungen „im Wege der Verordnung ohne Verzug"[68] erfolgen. Dem widersprach sein Amtskollege *Konrad Haenisch,* welcher der Meinung war, man dürfe den Trennungsgedanken nicht ohne Übergangslösungen durchsetzen. Vor allem die staatlichen Finanzleistungen waren überlebenswichtig für die Kirchen. Diese sollten nach *Konrad Haenischs* Ansicht so lange weiter geleistet werden, bis eine neue Finanzierungsmöglichkeit für die bisher finanziell nicht selbstständigen Religionsgesellschaften gefunden sei[69].

Adolph Hoffmann befürwortete eine strenge Trennung, bei der die Kirchen den Status der öffentlich-rechtlichen Körperschaften verlieren und die Religionsgesellschaften mit den sonstigen Vereinen des Privatrechts gleichgestellt würden. Durch die Trennung sollten die kirchlichen Wirkungen im Staatsleben reduziert werden; dies betraf vor allem den kirchlichen Einfluss auf die Schulen. Die Religionsgesellschaften wären im Gegenzug allein der staatlichen Vereinshoheit unterworfen, und jegliche darüber hinausgehende Einschränkungen des Selbstbestimmungsrechts, etwa solche durch besondere staatliche Aufsichtsrechte, sollten wegfallen.

In der Anfangsphase dominierte der Einfluss *Adolph Hoffmanns.* Schon kurz nach dem Aufruf an das preußische Volk veröffentlichte das Zentrumsblatt „Germania" am 19. November 1918 eine Erklärung *Adolph Hoffmanns,* dass die Trennung von Staat und Kirche schnellstmöglich

---

67 Vgl. *Klaus Scholder,* Die Kirchen und das Dritte Reich, Band 1: Vorgeschichte und Zeit der Illusionen 1918–1934, Frankfurt am Main, Berlin 1986, S. 19.

68 Zitiert nach *Ludwig Richter,* Kirche und Schule in den Beratungen der Weimarer Nationalversammlung (Schriften des Bundesarchivs, Band 47), Düsseldorf 1996, S. 4.

69 Vgl. *Jochen Jacke,* Kirche zwischen Monarchie und Republik: Der preußische Protestantismus nach dem Zusammenbruch von 1918, Hamburg 1976, S. 46 f.

durchgeführt werde und zudem die Staatszuschüsse an die Kirchen zum 1. April 1919 entfallen sollten[70]. Nachfolgend ergingen einige Regelungen, die dieses Ziel konkretisieren sollten.

Die größten Proteste aus dem Kreis der Kirchen und aus Teilen der Bevölkerung riefen die Verordnungen hervor, die sich mit der Schulpolitik befassten. Die Aufsicht über die Schulen war bis dahin von den jeweiligen Ortspfarrern ausgeübt worden, die als lokale Schulinspektoren in staatlichem Amtsauftrag handelten. Die kirchliche Schulaufsicht wurde am 15. November 1918 eingeschränkt und am 29. November 1918 durch Verordnung ganz aufgehoben. Die größte Ablehnung löste jedoch der einen Tag später ergehende Erlass aus, der den Religionsunterricht als ordentliches Lehrfach aufhob und jegliche weitere religiöse Handlung an den Schulen unterband. Trotz Beschwichtigungsversuchen durch den Kultusminister der MSPD wurden diese Maßnahmen von den Kirchen als Eingriff in die Religionsfreiheit deklariert; und es gelang den Kirchen, die christlichen Eltern zu mobilisieren. Die Resonanz war unerwartet groß und lang andauernd. Obwohl die Verordnung am 28. Dezember 1918 größtenteils ausgesetzt worden war, kam es noch am Neujahrstag 1919 vor dem Kultusministerium zu einer Großdemonstration.

Die Regelungen, welche die Übergangsregierung bis zum Beginn der preußischen Landesversammlung zur Neuregelung des Staatskirchenrechtes erließ, ergingen als Verordnungen[71]. Einzige Ausnahme war das am 13. Dezember 1918 erlassene „Gesetz, betreffend die Erleichterung des Austrittes aus der Kirche und den jüdischen Synagogengemeinden“. Dadurch sollten die Modalitäten zum Austritt aus den Religionsgesellschaften vereinfacht werden. Das Gesetz war jedoch ohne vorherige Absprache mit den Kirchenvertretern zustande gekommen. In der bereits aufgeheizten Stimmung wurde dies als ein weiterer kirchenfeindlicher Schritt ausgelegt.

Am 5. Dezember 1918 griff die Übergangsregierung tief in das Selbstbestimmungsrecht der evangelischen Kirche ein, als sie ohne vorherige Abstimmung mit Vertretern der evangelischen Kirche das Amt eines „Regierungsvertreters für die kirchlichen evangelischen Behörden in Preußen“ schuf. Dazu ernannt wurde der Berliner Geistliche

---

70 Vgl. *Klaus Scholder*, Die Kirchen und das Dritte Reich, Band 1: Vorgeschichte und Zeit der Illusionen 1918–1934, Frankfurt am Main, Berlin 1986, S. 20.

71 Vgl. *Claus Motschmann*, Evangelische Kirche und preußischer Staat in den Anfängen der Weimarer Republik – Möglichkeiten und Grenzen ihrer Zusammenarbeit, Lübeck, Hamburg 1969, S. 29.

Dr. Ludwig Wessel[72], der damit auch gleichzeitig Geheimer Oberkonsistorialrat wurde, was ihm weitgehende Rechte über den EOK gab. Interne Beschlüsse sollten nur noch Gültigkeit erlangen, nachdem sie von Wessel gegengezeichnet worden wären[73]. Das Kultusministerium erhoffte sich von dieser einschneidenden Maßnahme, durch einen praktizierenden Geistlichen eine erleichterte Verbindung zur Kirchenorganisation herstellen zu können. Der EOK und andere kirchliche Organisationen[74] sahen in dieser Ernennung einen Bruch der Kirchenverfassung von 1876; denn diese erlaubte zwar einzelne konkrete Aufsichtsrechte, doch keinen so generellen Genehmigungsvorbehalt.

Durch die Schaffung und die eigenständige Besetzung eines solchen Postens hatte der Kultusminister der USPD, auf dessen Bestrebungen hin *Ludwig Wessels* Ernennung stattgefunden hatte, die Ämterautonomie der evangelischen Kirche verletzt. Der generelle Genehmigungsvorbehalt und die weit reichenden Mitspracherechte, die *Ludwig Wessel* in der Kirchenführung zukommen sollten, wären sogar für ein eingeschränktes Selbstverwaltungsrecht innerhalb des Systems der Kirchenhoheit zu weitgehend gewesen. Im System einer strikten Trennung, welche von der Übergangsregierung angestrebt wurde, hätte eine solche staatliche Einmischung schwerlich erklärt werden können. Vor diesem Hintergrund war es verständlich, dass diese Maßnahme *Adolph Hoffmanns* zu einer Verschärfung der ohnehin schon angespannten Situation zwischen Staat und Kirche führte. Im Ergebnis kam es jedoch zu keinerlei Amtshandlungen *Ludwig Wessels.*

Die anhaltenden Proteste und die Veränderungen innerhalb des Kultusministeriums führten in der Zeit des Jahreswechsels 1918/19 zu einer kirchenpolitischen Wende im preußischen Kultusministerium. In den ersten Januartagen 1919 erklärte die preußische Regierung, dass eine Neuordnung im Verhältnis von Staat und Kirche der preußischen Nationalversammlung oder den aus ihr hervorgehenden staatlichen Organen vorbehalten sein sollte. Mit der Erkrankung *Adolph Hoffmanns* konnte

---

72 Anfang Dezember 1918 haben sich Berliner Geistliche ohne Absprache mit dem EOK zu Verständigung und Absprache des weiteren Vorgehens mit Vertretern des Kultusministeriums getroffen. Aus diesem Treffen mit *Adolph Hoffmann* resultierte *Dr. Ludwig Wessels* Ernennung zum kirchlichen Regierungsvertreter.

73 Vgl. *Jochen Jacke,* Kirche zwischen Monarchie und Republik: Der preußische Protestantismus nach dem Zusammenbruch von 1918, Hamburg 1976, S. 59 f.

74 Zu den einzelnen Protesten: *Wolfgang Stribrny,* Evangelische Kirche und Staat in der Weimarer Republik, in: Zeitgeist im Wandel, Band II: Zeitgeist der Weimarer Republik, hg. v. Hans Joachim Schoeps, Stuttgart 1968, S. 165 ff.

Konrad Haenisch seine bestehenden Bedenken[75] gegen die viel kritisierte Politik seines Amtskollegen in einem gemäßigteren Vorgehen durchsetzen. Die bis dahin ergangenen Erlasse, die staatskirchenrechtliche Fragenstellungen betrafen, wurden zurückgenommen. Und als die Vertreter der USPD im Januar 1919 die Regierung verließen, trat auch *Ludwig Wessel* von seinem Amt zurück. Die verbleibenden Regierungsvertreter hatten erkannt, dass eine schnelle und kompromisslose Durchsetzung des Trennungsprinzips sie wichtige Stimmen für die Wahlen zur Nationalversammlung kosten könnte und schlugen einen gemäßigteren Ton an. Nach den ersten vehement geführten Konflikten war die allgemeine Stimmung unter den Vertretern kirchlicher Interessen jedoch soweit angeheizt, dass die Wende in der sozialdemokratischen Kulturpolitik innerhalb der Kirchen und auch vielfach in der Bevölkerung nicht wahrgenommen wurde[76].

Trotz des Widerrufs der Ernennung eines solchen Regierungsvertreters griff die preußische Regierung wieder in die inneren Angelegenheiten der evangelischen Kirche ein, als sie das ursprüngliche landesherrliche Kirchenregiment durch Gesetz vom 20. März 1919 auf drei evangelische Staatsminister übertrug. Die Konstruktion der drei *Minister Evangelis* wurde nach sächsischem Vorbild geschaffen, das jedoch in einem völlig anderen historischen Kontext entstanden war. In Sachsen hatte sich das Problem der Übernahme der Rechte aus dem landesherrlichen Kirchenregiment gestellt, als der Monarch eines überwiegend evangelischen Landes zum Katholizismus übergetreten war. Statt seiner hatten daraufhin drei evangelische Minister das landesherrliche Summepiskopat ausgeführt[77]. Dies war in einer Zeit geschehen, als das landesherrliche Kirchenregiment noch Bestand hatte und in ein dazugehöriges staatskirchenrechtliches System eingebettet war. Obwohl diese staatskirchenrechtlichen Voraussetzungen nicht mehr bestanden, sollten nun – angelehnt an das historische Vorbild – bis zum Erlass einer neuen preu-

---

75 Vgl. die Ausführungen *Konrad Haenischs* in seinem Brief an *Adolph Hoffmann* von November 1918, abgedruckt in: *Ernst Rudolf Huber und Wolfgang Huber (Hrsg.)*, Staat und Kirche im 19. und 20. Jahrhundert. Dokumente zur Geschichte des deutschen Staatskirchenrechts, Band 4: Staat und Kirche in der Zeit der Weimarer Republik, Berlin 1988, Nr. 94, S. 70 f.

76 Vgl. *Klaus Scholder*, Die Kirchen und das Dritte Reich, Band 1: Vorgeschichte und Zeit der Illusionen 1918–1934, Frankfurt am Main, Berlin 1986, S. 22.

77 Vgl. *Christoph Link*, Verhältnis von Staat und Kirche, in: Deutsche Verwaltungsgeschichte, Band III: Das Deutsche Reich bis zum Ende der Monarchie, hg. v. Kurt G. A. Jeserich, Hans Pohl und Georg-Christoph von Unruh, Stuttgart 1984, S. 548 f.

ßischen Verfassung die Rechte des Königs als Träger des landesherrlichen Kirchenregiments auf besagte drei Minister übergehen. Jedoch waren diese Rechte nach allgemeiner Ansicht[78] dem König nicht aufgrund seiner staatsrechtlichen Funktion zugefallen, somit auch nicht ohne Weiteres auf die Übergangsregierung übergegangen. Dies wurde auch in der kirchlichen Kritik vorgetragen. Die Übergangsregierung wollte diese Konstruktion jedoch beibehalten, bis die Kirche sich eine demokratische Verfassung gegeben hätte[79]. Hier zeigte sich das Misstrauen der Übergangsregierung gegenüber den restaurativen Kräften innerhalb der Kirchenhierarchie. Eine solche Regelung stand dem Sinne eines Selbstbestimmungsrechts entgegen, da der evangelischen Kirche die Freiheit einer neuen Organisation nur insoweit zugestanden werden sollte, als sie sich auch eine Kirchenverfassung nach den Bedingungen der Übergangsregierung geben würde.

Grundsätzlich ergab sich damit ein zweiphasiges Bild der Kirchenpolitik im Preußen der Umsturzphase. In der Anfangszeit kam es auf Veranlassung *Adolph Hoffmanns* zu ersten offensiven Maßnahmen der Übergangsregierung, während die Religionsgesellschaften noch in ihrer Unsicherheit verharrten. In der zweiten Phase wurde der Druck vonseiten der Kirchen sowie von weiten Teilen der Bevölkerung größer, wodurch die Regierung – nun unter Führung *Konrad Haenischs* – zum Nachgeben veranlasst wurde. Die Maßnahmen der Übergangsregierung und die darauf folgenden Reaktionen machten deutlich, dass die Frage des Staatskirchenrechts in der entstehenden Verfassung des Reiches sowie der Länder heftig umstritten sein würde. Deutlich wurde dies nicht zuletzt dadurch, dass die sozialdemokratische Regierung in Preußen gerade aufgrund ihrer ersten kirchenpolitischen Maßnahmen die absolute Mehrheit in den Wahlen der Nationalversammlung verfehlte[80].

---

78 Genaueres siehe in diesem Kapitel Abschnitt I Punkt 2 a).

79 Vgl. *Adelheid Bullinger*, Das Ende des landesherrlichen Kirchenregiments und die Neugestaltung der evangelischen Kirche, in: Zeitschrift für evangelisches Kirchenrecht 1974, S. 73 ff (S. 78 ff.).

80 Ergebnisse aufgeführt unter URL: http://www.dhm.de/lemo/objekte/statistik/wa19193/index.html.

2. Die Haltung der großen Kirchen

a) Die evangelische Kirche

Die Haltung der evangelischen Kirche zu dem sich neu bildenden Staat war von Beginn an durch Misstrauen und Furcht geprägt. Diese Ängste waren überwiegend unbegründet, da es nicht zu der von den Kirchen befürchteten und teilweise auch öffentlich heraufbeschworenen totalen Herabwürdigung[81] der Kirchen kam. Jedoch trug die Übergangsregierung mit einigen unbedachten Reaktionen dazu bei, das gegenseitige Verhältnis auf lange Zeit zu vergiften.

Wie oben[82] gezeigt, war die evangelische Kirche während der Umbruchphasen des 19. Jahrhunderts im „Gravitationsfeld des Staates verblieben"[83]; sie hatte die vorsichtigen Bestrebungen zu größerer Selbstständigkeit nicht ausreichend nutzen können und wollen. Die Spannungen im Verhältnis von Staat und Kirche, die in den Jahren des Konflikts zwischen der katholischen Kirche und dem Deutschen Reich entstanden waren, hatten die Entscheidungsträger der evangelischen Kirchen noch mehr Halt bei den Landesfürsten suchen lassen. Diese enge Verbindung war mit den Staatsumwälzungen von 1918 zerbrochen worden. Für die evangelischen Kirchen bedeutete daher die neue Situation nicht nur eine Unsicherheit in Bezug auf ihre Stellung im neuen Staatsgebilde, sondern vor allem auch eine tiefe Erschütterung ihrer Organisationsstruktur[84]. In der ersten Zeit fürchtete man in den Reihen der evangelischen Kirche den Untergang der Landeskirchen als Resultat auf den Untergang der Monarchie und, damit verbunden, den Verlust der Vormachtstellung im öffentlichen Leben und insbesondere das Ende der staatlichen Privilegierungen. Von den Sozialdemokraten glaubte man, keine kirchenfreundliche Behandlung erwarten zu können, hatte doch das Erfurter Pro-

---

81 Vgl. dazu die Beispiele bei *Ludwig Richter*, Kirche und Schule in den Beratungen der Weimarer Nationalversammlung (Schriften des Bundesarchivs, Band 47), Düsseldorf 1996, S. 98 ff.

82 Siehe in diesem Kapitel Abschnitt I Punkt 1 und 2.

83 *Christoph Link*, Ein Dreivierteljahrhundert der Trennung von Kirche und Staat in Deutschland, in: Festschrift für Werner Thieme zum 70. Geburtstag, hg. v. Bernd Bedecker, Hans Peter Bull und Ottfried Seewald, Köln, Berlin, Bonn, München 1993, S. 105.

84 Vgl. *Klaus Scholder, Eugenio Pacelli und Karl Barth*, Politik, Kirchenpolitik und Theologie in der Weimarer Republik, in: Die Kirchen zwischen Republik und Gewaltherrschaft - Gesammelte Aufsätze, hg. v. Karl Otmar von Aretin und Gerhard Besier, Berlin 1988, S. 104 f.

gramm[85] vorgesehen, die Kirchen mit privatrechtlichen Vereinen gleichzustellen und ein strenges Trennungssystem herbeizuführen.

Trotz der tiefen Verunsicherung innerhalb der evangelischen Kirche - und dort insbesondere innerhalb der kirchlichen Beamtenschaft - war die Haltung zu einer Trennung von Staat und Kirche nicht grundsätzlich ablehnend. Eine wichtige Grundvoraussetzung, die vonseiten der Kirche in diesem Zusammenhang gefordert wurde, war, dass es nicht zu überstürzten Handlungen käme und eine schonende Übergangszeit die Anpassung der Kirchen an das neue System ermöglichte[86]. Ein gemäßigtes Trennungsmodell wurde von einigen Kirchenvertretern durchaus als Chance zu mehr Selbstständigkeit gesehen. So urteilte zum Beispiel der Theologe *Martin Rade*: „[W]ir heißen das Geschenk einer größeren Unabhängigkeit, einer endlichen Selbstbestimmung und Selbstverwaltung für unser kirchliches Wesen [...] willkommen"[87]. Die kirchenrechtliche Politik der beiden sozialdemokratischen Parteien, wie sie sich vor allem in den Maßnahmen *Adolph Hoffmanns* gezeigt hatte, wurde jedoch strikt abgelehnt. Es sollten keine Freikirchen entstehen. Vielmehr kam es den evangelischen Kirchenvertretern darauf an, dass eine gewisse Verbindung zum Staat bestehen blieb. Der kirchliche Einfluss in staatlichen Anstalten sollte erhalten werden. Der Status der öffentlich-rechtlichen Körperschaft und die damit einhergehende Sonderstellung der Kirchen durften aus kirchlicher Sicht nicht angerührt werden. Das so gezeichnete Idealbild umfasste eine große Kirche, die alle Privilegien der alten Landeskirchen genoss und dabei ein schrankenloses Selbstbestimmungsrecht für sich in Anspruch nehmen könnte[88].

Um sich in gewisser Weise den veränderten politischen Verhältnissen anzupassen, wurde die Bildung des sogenannten Vertrauensrates beschlossen, welcher als Vermittler und Ansprechpartner gegenüber der neuen Regierung fungieren sollte. Dieses Gremium unter Leitung von *Otto Dibelius* sollte insbesondere die Gesamtkirche nach außen vertreten.

---

85 Vgl. dazu die Ausführungen zu den Sozialdemokraten in diesem Kapitel und Abschnitt Punkt 3 a).

86 Vgl. *Claus Motschmann*, Evangelische Kirche und preußischer Staat in den Anfängen der Weimarer Republik - Möglichkeiten und Grenzen ihrer Zusammenarbeit, Lübeck, Hamburg 1969, S. 22.

87 *Martin Rade*, Das künftige Verhältnis der beiden Konfessionen in Deutschland, in: Christliche Welt 33 (1919), Sp. 2 ff. (Sp. 3).

88 Vgl. *Adelheid Bullinger*, Das Ende des landesherrlichen Kirchenregiments und die Neugestaltung der evangelischen Kirche, in: Zeitschrift für evangelisches Kirchenrecht 1974, S. 73 ff. (S. 79 ff.).

Der Vertrauensrat setzte sich zusammen aus bekannten Persönlichkeiten der evangelischen Kirche und sollte den EOK und den Vorstand der Generalsynode unterstützen. Im Hinblick auf die neuen politischen Kräfte versuchte man bewusst, den Eindruck entstehen zu lassen, dass sich die Kirche ein quasi demokratisches Organ gegeben hatte[89].

Neben diesen Neuerungen auf der Ebene der Kirchenleitung gab es auch Bestrebungen, die Kirche von der Basis her demokratisch umzugestalten. Es bildeten sich immer mehr sogenannte Volkskirchenbünde[90], die die Kirche von ihrer alten Bürokratie befreien wollten. Ohne eine Trennung von Staat und Kirche herbeizuführen, sollte der Schwerpunkt der kirchlichen Organisation auf eine volkstümliche und damit weniger hierarchische Grundlage gelegt werden. Die Idee war, eine solche Kirche würde alle Schichten der protestantischen Bevölkerung in sich vereinen[91]. Man hoffte so, die Kirche auch für solche Mitglieder attraktiver machen zu können, die sich von ihr distanziert hatten. Im Vertrauensrat wurde diese Entwicklung abgelehnt; denn als oberstes Ziel sollte die Erhaltung alter Rechte im Vordergrund stehen. Es wurde befürchtet, dass durch eine Neugestaltung der Kirche die Regierung versucht sein könnte, alte Rechte für die „neue" Kirche nicht anzuerkennen. Dies sollte auf jeden Fall verhindert werden. Wichtigstes Anliegen war der Erhalt der Kirche in der bestehenden Größe und in der Bedeutung, die sie nach Meinung der Kirchenvertreter hatte[92].

Neben der skeptischen Haltung der evangelischen Kirche zu den staatskirchenrechtlichen Ideen der Sozialdemokraten erschwerte die politische Grundhaltung der Kirchenoberen das zukünftige Verhältnis von Staat und Kirche. Wie in vielen gesellschaftlichen Bereichen der Weimarer Republik fehlte auch hier mehrheitlich die Identifikation mit der neuen Republik; stattdessen herrschte eine konservativ monarchistische

---

89 Vgl. *Jochen Jacke*, Kirche zwischen Monarchie und Republik: Der preußische Protestantismus nach dem Zusammenbruch von 1918, Hamburg 1976, S. 49.

90 Zu den einzelnen Volkskirchenbünden siehe *Jochen Jacke*, Kirche zwischen Monarchie und Republik: Der preußische Protestantismus nach dem Zusammenbruch von 1918, Hamburg 1976, S. 54 ff.

91 Gerade im Hinblick auf dieses Merkmal wurde der Begriff „Volkskirche" später für ideologische Zwecke mit „völkischen Ideen" überfrachtet.

92 Ein Überblick über die einzelnen theologischen Überlegungen findet sich bei *Sun-Ryol Kim*, Die Vorgeschichte der Trennung von Staat und Kirche in der Weimarer Verfassung von 1919 – Eine Untersuchung über das Verhältnis von Staat und Kirche in Preußen seit der Reichsgründung von 1871 (Diss.), Hamburg 1996, S. 257 ff.

Grundtendenz vor[93]. Man arrangierte sich zwar mit dem neuen Staat, konnte sich jedoch nicht mit den neuen Ideen anfreunden und reagierte dementsprechend zögerlich gegenüber eventuellen Kompromissvorschlägen.

Auch wenn die Republik von vielen Protestanten abgelehnt wurde, wollte man doch die neuen Möglichkeiten der Mitbestimmung für sich nutzbar machen. Es stellte sich die Frage, wie die evangelischen Interessen in der Nationalversammlung geeignet vertreten werden konnten. Früher war eine aktive Beteiligung an den Wahlen - ähnlich der des politischen Katholizismus - für die evangelische Kirche aufgrund ihrer Nähe zum Staat nicht nötig gewesen. In der neuen Situation erschien es jedoch ratsam, sich aktiv um die Durchsetzung der eigenen Ziele zu bemühen. Hierzu ergaben sich zwei Möglichkeiten: Entweder man rief eine eigene, mit dem Zentrum vergleichbare Partei ins Leben, um so ein politisches Sprachrohr zu schaffen, oder man bediente sich bestehender Parteien.

Obwohl in einigen Ländern Ansätze zur Bildung einer „evangelischen Partei" gemacht wurden, gab es einige gewichtige Bedenken gegen diese Möglichkeit. Viele Theologen lehnten eine solche politische Partizipation an der Republik ab, da sie nicht mit den theologischen Grundgedanken der „Zwei-Reiche-Lehre"[94] *Martin Luthers* vereinbar schien. Darüber hinaus hatten die Kirchenpolitiker erkannt, dass es im Gegensatz zum katholischen Bevölkerungsteil auf evangelischer Seite kein ausreichend in sich geschlossenes Wählerpotenzial gab, welches seine Stimme allein aufgrund der religiösen Ausrichtung abgeben würde und so einer evangelischen Weltanschauungspartei die nötige Durchsetzkraft geben könnte[95].

Somit entschied man sich für die zweite Variante. Hierbei sollte politisches Gewicht dadurch erreicht werden, dass man versuchte, auf schon bestehende Parteien Einfluss auszuüben. Den in Betracht kom-

---

93 Vgl. *Ludwig Richter*, Kirche und Schule in den Beratungen der Weimarer Nationalversammlung (Schriften des Bundesarchivs, Band 47), Düsseldorf 1996, S. 31 ff.; *Kurt Nowak*, Evangelische Kirche und Weimarer Republik - zum politischen Weg des deutschen Protestantismus zwischen 1918 und 1932, Göttingen 1981, S. 92 f.

94 Dazu genauer *Klaus Scholder*, Die Kirchen und das Dritte Reich, Band 1: Vorgeschichte und Zeit der Illusionen 1918-1934, Frankfurt am Main, Berlin 1986, S. 5; *Johannes Wallmann*, Kirchengeschichte Deutschlands seit der Reformation, 5. Auflage, Tübingen 2000, S. 43 ff.; siehe dazu auch Kapital B Abschnitt II Punkt 1.

95 Vgl. *Jochen Jacke*, Kirche zwischen Monarchie und Republik: Der preußische Protestantismus nach dem Zusammenbruch von 1918, Hamburg 1976, S. 105.

menden Parteien sollte Unterstützung von kirchlicher Seite zugesagt werden, wenn sie dafür im Gegenzug in der Nationalversammlung die Interessen der Kirche vertreten würden und dies auch schriftlich erklärten. Daraufhin wurde ein Fragebogen an alle großen Parteien gesandt, um deren Haltung in Fragen des Staatskirchenrechtes ermitteln zu können. Er umfasste die vier Hauptpunkte Religionsunterricht in den Schulen, sonstige öffentliche Seelsorge, die öffentlich-rechtliche Stellung der Kirchen sowie die Kirchenfinanzierung. Den angesprochenen kirchenpolitischen Ansichten stimmten die Deutschnationale Volkspartei (DNVP) und das Zentrum im Ganzen, die Deutsche Demokratische Partei (DDP) zum größten Teil zu; MSPD und USPD reagierten nicht auf die Anfrage[96]. Dieser Parteibefragung sollte eine amtliche Wahlempfehlung an die Gemeindepfarrer folgen, welche Partei sie ihren Gemeindemitgliedern zur Wahl vorschlagen sollten. Man glaubte, hierdurch Druck auf die Parteien ausüben zu können, da man auf eine große Macht spekulierte, wenn man die Gemeinden auf eine spezielle Partei einschwören könnte. Als besonders Erfolg versprechend wurde die politische Aufklärung der bis dahin nicht wahlberechtigten Frauen sowie der evangelischen Arbeiterschaft angesehen. Diese Überlegung einer direkten Beeinflussung der Kirchenmitglieder stand in krassem Gegensatz zur unparteilichen Neutralität, zu der sich die Kirche immer wieder verpflichtet hatte[97].

Tatsächlich war das Resultat der Parteienbefragung nicht ausschlaggebend. Aufgrund der vorherrschenden politischen Stimmung innerhalb der evangelischen Kirche stand schon von vornherein fest, dass die rechtskonservative DNVP die kirchliche Unterstützung erhalten würde, wohingegen vor allem gegen MSPD und USPD scharf agiert wurde. Diese vorgefasste Meinung wurde besonders deutlich in der Behandlung der beiden Parteien, die den Fragenkatalog aus kirchlicher Sicht zufriedenstellend beantworteten, aber dennoch keine evangelische Wahlempfehlung bekamen. Obwohl das Zentrum gleich der DNVP positive Erklärungen zum Fragebogen abgegeben hatte, konnte man sich im evangelischen Wahlausschuss und in den sonstigen Gremien nicht dazu durchringen, die alte Animosität gegenüber dem politischen Katholizismus abzulegen; und so wurde eine Mitarbeit mit dem Zentrum nur für

---

96 Vgl. *Sun-Ryol Kim*, Die Vorgeschichte der Trennung von Staat und Kirche in der Weimarer Verfassung von 1919 – Eine Untersuchung über das Verhältnis von Staat und Kirche in Preußen seit der Reichsgründung von 1871 (Diss.), Hamburg 1996, S. 262.

97 Vgl. Beispiele bei *Jochen Jacke*, Kirche zwischen Monarchie und Republik: Der preußische Protestantismus nach dem Zusammenbruch von 1918, Hamburg 1976, S. 101 ff.

eng begrenzte Ausnahmefälle erwogen. Die positiven Antworten vonseiten der DDP dagegen wurden als reine „Formulierung der Parteidiplomatie“[98] grundsätzlich abgelehnt.

Trotz aller Bemühungen vonseiten evangelischer Kirchenvertreter verlief die Wahl aus ihrer Sicht enttäuschend, konnten doch die von ihnen unterstützten Parteien keine großen Erfolge verbuchen. Die DNVP erhielt 10,3 Prozent der Stimmen, die DVP nur 4,4 Prozent, wohingegen das Zentrum mit 19,7 Prozent noch eine Steigerung zu früheren Ergebnissen verzeichnen konnte. Im Ergebnis waren es die Sozialdemokraten, welche – wenn auch durch die Zeit der Übergangsregierung leicht geschwächt – zusammen mit der DDP auf 64 Prozent der Stimmen kamen und damit die Mehrheit der Abgeordneten in der Nationalversammlung stellten[99].

b) Die katholische Kirche

Ebenso wie die evangelische Kirche stand die katholische Kirche vor dem Problem, sich mit der neuen politischen Situation arrangieren zu müssen. Auch hier fürchtete man zu Beginn der Weimarer Republik um die eigene Stellung im Staat; jedoch war die Ausgangslage eine andere. Es war der katholischen Kirche aus mehreren Gründen eher möglich, ihre Ziele klar zu formulieren und sich gegenüber dem neuen Staatsgebilde durchzusetzen. Für sie hatten die politischen Ereignisse keine derart einschneidende Wirkung, da sie nicht die innere Organisation der Kirche betrafen. Im Gegensatz zur evangelischen Kirche hatte die katholische Kirche eine fest gefügte Organisationsstruktur, die auch schon im Kaiserreich frei von der Mitwirkung staatlicher Stellen gewesen war. Dadurch war sie unabhängig von der jeweiligen Staatsform. Zu dem Zeitpunkt, als von evangelischer Seite die Nähe zum Staat gesucht wurde, hatte man sich auf katholischer Seite – insbesondere begründet durch die Auseinandersetzungen während des Kulturkampfs – in gewisser Weise innerlich auf Distanz zum Kaiserreich begeben[100]. Auch wenn sich der Abstand zu Beginn des Ersten Weltkriegs deutlich verringert hatte, ermöglichte diese Haltung in der Entstehungsphase der Republik doch

---

98 Zitiert nach *Sun-Ryol Kim*, Die Vorgeschichte der Trennung von Staat und Kirche in der Weimarer Verfassung von 1919 – Eine Untersuchung über das Verhältnis von Staat und Kirche in Preußen seit der Reichsgründung von 1871 (Diss.), Hamburg 1996, S. 262.

99 Ergebnisse aufgeführt unter URL: http://www.dhm.de/lemo/objekte/statistik/wa19193/index.html.

100 Siehe dazu auch die Ausführungen in diesem Kapitel Abschnitt 2 b).

ein leichteres Sicheinlassen mit dem neu zu entwickelnden Staat[101]; zumal die katholische Kirche schon früher die Demokratie als eine für sie grundsätzlich mögliche Staatsform anerkannt hatte[102].

Mit Ende des Krieges kam es zu einer Art katholischer Aufbruchsstimmung; denn nach den Wirren des Krieges und dem dadurch bedingten erschütterten deutschen Selbstbewusstsein wurde das Papsttum als unveränderlicher „Fels in der Brandung"[103] wahrgenommen. Während der Protestantismus mit seiner Identifikation mit dem Kaiserreich nach dessen Zusammenbruch in eine Strukturkrise geriet, galt den Katholiken der Papst als bleibende Autorität. Und da das Ansehen der katholischen Kirche während des Ersten Weltkrieges noch zugenommen hatte, fühlte man sich auch moralisch überlegen.

Die Grundhaltung der katholischen Kirche war noch immer vom päpstlichen *Syllabus errorum* aus dem Jahre 1864 beeinflusst. Dort war die Idee einer Trennung von Staat und Kirche als Irrglauben abgelehnt[104] worden. Vor diesem Hintergrund entwickelten die Vertreter der katholischen Kirche ihre Anforderungen an ein neues Staatskirchenrecht, welche vor allem in sogenannten Hirtenbriefen veröffentlicht wurden[105]. Danach kam eine strenge Trennung für die katholische Kirche nicht in Betracht, und erst recht nicht eine solche, bei denen die Religionsgesellschaften auf die Stufe von Privatrechtsvereinen herabgewürdigt würden. Neben dieser grundsätzlichen Forderung war vor allem die Frage der finanziellen Sicherung von ausschlaggebender Bedeutung. Aus freiwilli-

---

101 Vgl. *Rudolf Smend*, Staat und Kirche nach dem Bonner Grundgesetz, in: Zeitschrift für evangelisches Kirchenrecht 1 (1951), S. 1 ff (S. 6 f.) und *Ulrich Bröckling*, Katholische Intellektuelle in der Weimarer Republik: Zeitkritik und Gesellschaftstheorie bei Walter Dirks, Romano Guardini, Carl Schmitt, Ernst Michel und Heinrich Mertens, München 1993, S. 23 ff.

102 Vgl. *Klaus Scholder*, Die Kirchen und das Dritte Reich, Band 1: Vorgeschichte und Zeit der Illusionen 1918–1934, Frankfurt am Main, Berlin 1986, S. 16.

103 *Christoph Link*, Ein Dreivierteljahrhundert der Trennung von Kirche und Staat in Deutschland, in: Festschrift für Werner Thieme zum 70. Geburtstag, hg. v. Bernd Bedecker, Hans Peter Bull und Ottfried Seewald, Köln, Berlin, Bonn, München 1993, S. 453.

104 Vgl. dazu mit zahlreichen Nachweisen *Albert Michael Koeniger*, Staat und Kirche, Augsburg 1927, S. 201 ff.

105 So z. B. in dem gemeinsamen Hirtenbrief aller preußischer Bischöfe zum Weihnachtsfest 1918, abgedruckt in: Germania „Die Bischöfe Preußens rufen zur Tat", A., 23.12., 598, in Auszügen abgedruckt in: *Ludwig Richter*, Kirche und Schule in den Beratungen der Weimarer Nationalversammlung (Schriften des Bundesarchivs, Band 47), Düsseldorf 1996, S. 29.

gen Spenden allein hätten die großen Kirchen nicht in ihrer bis dahin bestehenden Form weiter existieren können. Aus diesem Grund forderte die katholische Kirche eine Garantie für das Vermögen der Kirchen und daneben die Beibehaltung des Kirchensteuerrechts, um den Kirchen diese wichtige Einnahmequelle zu sichern.

Ein weiterer Schwerpunkt lag in der Schulfrage. Die Leitung der Schulen ganz dem Staat zu überlassen, war für die Vertreter der katholischen Kirche nicht akzeptabel. Stattdessen forderte ihr Programm neben der staatlichen Konfessionsschule vor allem die Privatschulfreiheit für die Kirchen. In Bezug auf das kirchliche Selbstbestimmungsrecht wurde mit dem Recht, die eigenen Angelegenheiten selbst zu verwalten und zu ordnen, auch das freie Ernennungsrecht für Geistliche gesondert angesprochen. Hier sollte die Ausbildung der Geistlichen schon im Vorfeld allein durch die Kirche geregelt werden und ihre Ernennung ohne staatliche Einmischung erfolgen[106].

Die Forderungen der katholischen Kirche sahen vor, dass die Kirchen ihre privilegierten Stellungen beibehalten sollten, ohne durch eine besondere Staatsaufsicht beschränkt zu sein. Aufgrund der im Vergleich zur evangelischen Kirche erleichterten Ausgangsituation konnte die katholische Kirche ihre politischen Ziele schon zu einem Zeitpunkt formulieren, als auf evangelischer Seite noch um die innere Verfassungsstruktur gerungen werden musste. Ein weiterer wichtiger Aspekt, durch welchen der katholischen Kirche die Einflussnahme erleichtert wurde, lag in der Bedeutung der Partei des Zentrums. Durch sie hatte die katholische Kirche bereits eine wichtige politische Kraft und konnte ein erprobtes Mittel der Durchsetzung ihrer Interessen in die neue Demokratie einbringen. Die Kirchenleitung beschränkte sich daher auf die Formulierung grundsätzlicher Forderungen und überließ die konkrete Ausgestaltung dem Zentrum.

Zusammenfassend lässt sich sagen, dass es der katholischen Kirche aus den genannten Gründen eher gelang, die katholische Bevölkerung für die kirchlichen Belange zu mobilisieren. Des Weiteren konnte sie sich mithilfe des Zentrums mehr für die Gestaltung des Staatskirchenrechtes einsetzen, als das der evangelischen Kirche möglich gewesen war. Vor diesem Hintergrund erklärt sich, warum die staatskirchenrechtlichen Normen der Reichsverfassung von Weimar ebenso wie die der Paulskir-

---

106 Vgl. *Rudolf Smend*, Staat und Kirche nach dem Bonner Grundgesetz, in: Zeitschrift für evangelisches Kirchenrecht 1 (1951), S. 6 f. und *Ulrich Bröckling*, Katholische Intellektuelle in der Weimarer Republik: Zeitkritik und Gesellschaftstheorie bei Walter Dirks, Romano Guardini, Carl Schmitt, Ernst Michel und Heinrich Mertens, München 1993, S. 23 ff.

chenverfassung von 1848 zum großen Teil auf katholische Abgeordnete zurückzuführen sind.

3. Die Standpunkte einzelner Parteien

Die Parteienlandschaft der Weimarer Republik gestaltete sich vielfältig und war immer wieder Änderungen unterworfen. Als die evangelische Kirche im Wahlkampf zur Nationalversammlung die Parteien dazu aufforderte, ihre Haltung zur Kirche darzulegen, wurden die unterschiedlichen Ansatzpunkte für das Verhältnis von Staat und Kirche deutlich[107]. Wichtig sind insbesondere die Ansichten und die politischen Strömungen zu Beginn der Weimarer Republik; denn diese hatten Einfluss auf die Entstehung des Artikels 137 Absatz 3 WRV sowie auf das zugrunde liegende staatskirchenrechtliche System. Daher beschränkt sich die nachfolgende Untersuchung auf die Parteien, wie sie in Form und Ausprägung zu Beginn der Republik bestanden hatten.

a) Sozialdemokraten

Im Vorfeld der Nationalversammlung und in der weiteren Entstehungszeit der Weimarer Republik war die Grundlage der kirchenpolitischen Haltung der SPD das bekannte Erfurter Programm[108], welches die Religion allgemein zur Privatsache erklärt hatte und eine strenge Trennung von Staat und Kirche herbeiführen wollte. Der Staat sollte von jeglichem kirchlichen Einfluss befreit werden. Damit einhergehend sollten auch die Kirchen in dem Sinne entlastet werden, dass sie sich weitgehend frei von staatlicher Aufsicht und ohne die Verpflichtung zur Übernahme staatlicher Aufgaben auf ihre geistlichen Aufgaben und Funktionen besinnen könnten. Hintergrund dieser Zielsetzung, wie sie im Erfurter Programm deutlich wurde und seitdem unverändert Bestand hatte, war die Überzeugung, dass die großen Kirchen in ihrer überkommenen Struktur ein feudales Instrument darstellten, mit dem das alte Kaiserreich seine Macht zu legitimieren versucht hatte[109]. Diese Haltung

---

107 Siehe dazu in diesem Kapitel und Abschnitt Punkt 2 a).

108 „Erklärung der Religion zur Privatsache. Abschaffung aller Aufwendung aus öffentlichen Mitteln zu kirchlichen und religiösen Zwecken. Die kirchlichen und religiösen Gemeinschaften sind als private Vereinigungen zu betrachten, welche ihre Angelegenheiten vollkommen selbständig ordnen". Das gesamte Erfurter Programm ist abgedruckt bei *Wilhelm Mommsen (Hrsg.)*, Deutsche Parteiprogramme in: Deutsches Handbuch der Politik, Band 1, 2. Auflage, München 1964, S. 102.

109 Vgl. *Else von Rittberg*, Der preussische Kirchenvertrag von 1931 – Seine Entstehung und seine Bedeutung für das Verhältnis von Staat und Kirche in der Weimarer Republik (Diss.), Bonn 1960, S. 18 ff.

hatte sich innerhalb der Partei über den Untergang des Kaiserreichs hinweg erhalten.

Insbesondere in der schon skizzierten Haltung des Kultusministers der MSPD in der preußischen Übergangsregierung *Konrad Haenisch*[110] wurde deutlich, dass die Partei keine geschlossene und grundsätzlich religionsfeindliche Haltung einnahm, auch wenn ihr dies von den politischen Gegnern immer wieder unterstellt wurde. Stattdessen war man sich zumindest vonseiten der Mehrheitssozialisten bewusst, dass eine Trennung nicht überstürzt und ohne Übergangshilfsmaßnahmen für die Kirchen erfolgen konnte.

Mit Ausnahme dieser schon früh dargelegten Grundhaltung maß die Partei der Kulturpolitik in der Umbruchphase keinen allzu großen Stellenwert bei, gab es doch aus ihrer Sicht vielfältige Bereiche, in denen ein dringenderer Handlungsbedarf bestand. Dementsprechend verwundert zeigte man sich innerhalb der Partei über den Stellenwert, den staatskirchenrechtliche Fragen in den allgemeinen politischen Diskussionen einnahmen.

Trotz antisozialdemokratischer Agitationen seitens der rechten Parteien sowie aus den Reihen der Kirchenvertreter gelang es der Partei, die Mehrheit der Stimmen in den Wahlen zur Nationalversammlung zu erlangen. Die SPD wurde somit das stärkste Mitglied der Weimarer Koalition[111].

b) Zentrum

Die Deutsche Zentrumspartei war weitgehend konfessionell gebunden und der traditionelle und bewährte Arm des politischen Katholizismus. Aus dieser Nähe zur katholischen Kirche ergab sich auch ihre Haltung zum Verhältnis von Staat und Kirche. Daher sind die grundsätzlichen Ziele der Partei bereits in den Ausführungen zur Haltung der katholischen Kirche angesprochen worden[112].

Neben einer Wahlempfehlung durch das katholische Episkopat konnte die Partei ihre Wähler dadurch mobilisieren, dass sie die ihr politisch nahestehenden Teile der Presse nutzte, um gegen die Kulturpolitik der Sozialdemokraten vorzugehen. Dabei schreckte man auch nicht da-

---

110 Siehe dazu in diesem Kapitel und Abschnitt Punkt 1.

111 Zu den Wahlergebnissen in der Weimarer Republik siehe auch URL: http://www.ph-freiburg.de/sozial/Fachschaft_GeGk/archiv/WeimarerRepublik/wahlen.htm

112 Siehe dazu in diesem Kapitel und Abschnitt Punkt 2 b).

vor zurück, die Folge einer eventuellen Trennung von Staat und Kirche in den schwärzesten Farben auszumalen und sich der Angst vor einem neuen Kulturkampf zu bedienen[113]. Die Tatsache, dass das Zentrum seine Wählerschaft auch über die revolutionären Entwicklungen konstant hoch halten konnte, verhalf der Partei zu großer Einflussmöglichkeit und gab ihr die Chance, nachdrücklich an dem Weimarer Kulturkompromiss mitzuwirken.

Das Zentrum blieb über die Zeit der Nationalversammlung hinaus bis 1932 in jeder Regierung vertreten. Diese lange Regierungspräsenz in den wechselnden Koalitionen der Weimarer Republik erklärt sich daraus, dass das Zentrum in der Lage war, mit jeder Partei zusammenzuarbeiten, wenn diese ihm in kulturpolitischen Fragen entgegenkam. Mit dieser Ausgangslage war der Partei die Möglichkeit gegeben, kirchliche Interessen auch in schwierigen Phasen durchzusetzen. Ideologisch war das möglich, da sich unter dem gemeinsamen Dach des Christlichen Menschen verschiedenster, oft konträrer politischer Ausrichtung zusammenfinden konnten.

c) Deutsche Demokratische Partei

Die Deutsche Demokratische Partei (DDP) hatte die ältesten Wurzeln in der deutschen Parteienlandschaft und war aus dem Liberalismus des Vormärz hervorgegangen. Ihre Haltung in staatskirchenrechtlichen Fragen trat zu Beginn nicht ganz deutlich hervor. So wurde zum Beispiel im Gründungsaufruf das Verhältnis von Staat und Kirche gar nicht thematisiert. Die ersten Äußerungen waren zudem etwas uneinheitlich und vage. So erklärte man z. B. im Wahlaufruf der Partei im Dezember 1918, dass eine Trennung nur allmählich durchgeführt werden sollte und die „geschichtliche, ideelle und praktische Beziehung zwischen Staat und Kirche bestehen“[114] bleiben sollte. Des Weiteren sei eine solche Trennung „nur denkbar unter voller Wahrung der Würde und der Sicherung der finanziellen Selbständigkeit der Kirche“[115]. Diese sehr weiten und behut-

---

113 Vgl. dazu die Beispiele bei *Ludwig Richter*, Kirche und Schule in den Beratungen der Weimarer Nationalversammlung (Schriften des Bundesarchivs, Band 47), Düsseldorf 1996, S. 98 ff.

114 Zitiert nach *Sun-Ryol Kim*, Die Vorgeschichte der Trennung von Staat und Kirche in der Weimarer Verfassung von 1919 – Eine Untersuchung über das Verhältnis von Staat und Kirche in Preußen seit der Reichsgründung von 1871 (Diss.), Hamburg 1996, S. 260.

115 „Der Wahlaufruf der Demokratie“, abgedruckt in: *Herbert Michaelis und Ernst Schraepler (Hrsg.)*, Ursachen und Folgen. Vom deutschen Zusammenbruch 1918 bis 1945 zur staatlichen Neuordnung Deutschlands in der Gegenwart – eine Ur-

sam formulierten Aussagen wurden von *Friedrich Naumann* kurz darauf konkretisiert[116].

Auf der Basis von *Friedrich Naumanns* Ausführungen stellte die Partei am 28. Dezember 1918 ihre „Richtlinien für das Verhältnis von Staat und Kirche“ auf. Darin sprach man sich für die Einräumung eines Selbstbestimmungsrechts aller Religionsgesellschaften aus und forderte darüber hinaus, dass der Staat nicht nur seiner Schutzpflicht nachzukommen habe, sondern auch schon bestehende Rechtsansprüche der Religionsgesellschaften einhalten müsse. Ihre finanzielle Versorgung sollten die Religionsgesellschaften in Zukunft nicht mehr durch staatliche Zuschüsse und durch eine staatlich erhobene Kirchensteuer decken, sondern durch ein eigenes „Selbstbesteuerungsrecht“[117]. Die Kompetenz zur Regelung staatskirchenrechtlicher Belange wurde ausdrücklich nur den Ländern und nicht dem Reich zuerkannt. Die umstrittene Frage nach einer Trennung von Staat und Kirche wurde ganz bewusst ausgeklammert. Die Partei blieb auch im weiteren Verlauf bei dieser zurückhaltenden Formulierung, allerdings wurde *Friedrich Naumanns* Idee eines Selbstbesteuerungsrechts zugunsten der Beibehaltung des Kirchensteuerrechts aufgegeben und so zumindest ein Hinweis gegen die Trennung geliefert. Der Umstand, dass der Fragebogen der evangelischen Kirche positiv beantwortet wurde[118], zeigte eine durchaus kirchenfreundliche Kulturpolitik der DDP. Auch wenn einzelne Mitglieder der Parteispitze sich im Weiteren deutlich für eine Trennung von Staat und Kirche aussprachen, so wurde dabei immer betont, dass jegliche Entwicklung im Staatskirchenrecht mit einer Wahrung des Kirchengutes und des Besteuerungsrechtes einhergehen sollte.

Versuche der Partei, eine kirchenfreundliche Haltung darzulegen, wurden von der evangelischen Kirche nicht anerkannt; und mit ihrer linksliberalen Richtung erhielt die DDP keine Wahlunterstützung vonseiten der evangelischen Kirche. Stattdessen wurde die DDP stark ange-

---

kunden- und Dokumentensammlung zur Zeitgeschichte, Band 3: Der Weg in die Weimarer Republik, Berlin 1959, S. 175 ff.

116 Vgl. *Friedrich Naumann*, Freier Staat und freie Kirche, in: Die Hilfe 25 (1919), S. 628 ff.

117 *Friedrich Naumann*, Freier Staat und freie Kirche, in: Die Hilfe 25 (1919), S. 628 ff. (S. 629).

118 Siehe dazu in diesem Kapitel und Abschnitt Punkt 2 a).

griffen und als nicht-wählbar dargestellt[119]. Insbesondere die Deutschnationale Volkspartei nutzte die Kulturpolitik, um sich von der DDP abzugrenzen. Dies tat sie, indem sie der DDP eine kirchenfeindliche Grundhaltung unterstellte. Die Agitationen nahmen teilweise den Charakter einer Hetzkampagne an, in der auch nicht vor antisemitischen Äußerungen halt gemacht wurde[120].

Trotz dieser Attacken ging die DDP neben den sozialdemokratischen Parteien und dem Zentrum als drittstärkste Partei aus den Wahlen zur Nationalversammlung hervor[121]. So konnten viele der in dieser Partei besonders stark vertretenen Professoren einen Großteil des Sachverstandes zur Entstehung der Reichsverfassung von Weimar leisten.

d) Deutschnationale Volkspartei

Die Deutschnationale Volkspartei (DNVP) stellte keine homogene Gruppe dar. Es handelte sich vielmehr um eine national-konservative Sammelbewegung. Einendes Moment innerhalb der Deutschnationalen Volkspartei war die Ablehnung der Republik und das Zurücksehnen in die Zeiten des Kaiserreichs, in welchem die Parteimitglieder oft tragende Rollen bekleidet hatten. In diesem Zusammenhang wurde ein besonderes Gewicht auf die Kulturpolitik und insbesondere die Wahrung der evangelischen Interessen gelegt.

Die DNVP hatte sich während der revolutionären Ereignisse gebildet, um die konservativen Staats- und Kulturtraditionen des Kaiserreichs möglichst zu bewahren[122]. Bei der Parteigründung waren viele Kirchenoberen aktiv beteiligt. Die Nähe zur evangelischen Kirche blieb bis zur Zersplitterung der Partei erhalten – allein sechs führende Parteimitglieder waren Mitglieder des Vertrauensrates der evangelischen Kirche in Preußen. Daher verwundert es auch nicht, dass diese Partei von evangelischer Seite die größte Unterstützung und eine eindeutige Wahlempfeh-

---

119 Vgl. Beispiele dazu bei *Ludwig Richter*, Kirche und Schule in den Beratungen der Weimarer Nationalversammlung (Schriften des Bundesarchivs, Band 47), Düsseldorf 1996, S. 91 ff.

120 Vgl. Beispiele dazu bei *Werner Becker*, Demokratie des sozialen Rechts. Die politische Haltung der Frankfurter Zeitung, der Vossischen Zeitung und des Berliner Tageblatts 1918–1924 (Diss.), München 1965, S. 207 ff.

121 Zu den Wahlergebnissen in der Weimarer Republik siehe auch URL: http://www.ph-freiburg.de/sozial/Fachschaft_GeGk/archiv/WeimarerRepublik/wahlen.htm

122 Vgl. *Werner Liebe*, Die Deutschnationale Volkspartei 1918–1924, Düsseldorf 1956, S. 260.

lung erhielt; entsprach ihre politische Haltung doch am ehesten der Hauptströmung innerhalb der evangelischen Kirche. Zu Beginn der Weimarer Republik gehörten zum Beispiel 80 Prozent der evangelischen Pfarrer einem national-konservativen Flügel an[123]. Neben nationalen und monarchistischen Ideen wurde vor allem das christliche Gedankengut betont. Dies spiegelt sich auch in dem offiziellen Programm der Partei wider. Darin wurden im Hinblick auf das Verhältnis zwischen Staat und Kirche die kirchlichen Belange unterstützt. Dementsprechend wurden die Freiheit der Kirche, die Erhaltung und die Gewährleistung ihrer Stellung und ihrer bestehenden Rechte sowie der Fortbestand des kirchlichen Einflusses auf die Schulen gefordert[124]. Bei den Wahlen zur Nationalversammlung erhielt sie 10 Prozent der Stimmen. Bis 1924 konnte sie die Wählerstimmen auf 20 Prozent ausbauen und somit die bürgerlichen Strömungen besser vereinigen als die Deutsche Volkspartei. Später gewannen radikal konservative Kräfte die Überhand und die DNVP wurde zum „Steigbügelhalter Hitlers"[125].

e) Deutsche Volkspartei

Die Deutsche Volkspartei (DVP) bestand überwiegend aus Vertretern eines rechtsgerichteten nationalliberalen Großbürgertums und aus Industriellen derselben politischen Richtung. Kirchenvertreter gehörten ihr wenig an, dafür aber der einflussreiche Staatskirchenrechtler *Wilhelm Kahl*, welcher die Kulturpolitik der Partei stark beeinflusste und das Vertrauen der evangelischen Kirchenoberen für die Partei gewinnen konnte. Dies trug unter anderem dazu bei, dass sie neben der DNVP die Partei war, die am ehesten Sympathien in der evangelischen Kirchenleitung erzeugen konnte; zumal sie in ihrer politischen Grundhaltung der DNVP ähnelte. Im Gegensatz zur DNVP versuchte die DVP, sich mit dem neuen Staat stärker zu arrangieren, und erkannte trotz ihrer monarchistischen Grundhaltung die Republik an.

---

123 Vgl. *Hans-Walter Krumwiede*, Evangelische Kirche und Theologie in der Weimarer Republik, Neukirchen-Vluyn 1990, S. 11.

124 Vgl. *Sun-Ryol Kim*, Die Vorgeschichte der Trennung von Staat und Kirche in der Weimarer Verfassung von 1919 – Eine Untersuchung über das Verhältnis von Staat und Kirche in Preußen seit der Reichsgründung von 1871 (Diss.), Hamburg 1996, S. 259.

125 *Gerhard Schulz*, Zwischen Demokratie und Diktatur. Verfassungspolitik und Reichsreform in der Weimarer Republik, Band 1: Die Periode der Konsolidierung und der Revision des Bismarckschen Reichsaufbaus 1919–1930, 2. Auflage, Berlin 1987, S. 82.

In religionspolitischen Fragen vertrat die Partei eine deutlich restaurative Haltung. Die Verbindung von Kirche und Staat sollte in der bisher bestehenden Form fortgesetzt werden; und insbesondere sollten die öffentlich-rechtliche Stellung der Kirche und das Selbstbesteuerungsrecht nicht angetastet werden. Eine Trennung von Staat und Kirche wurde rigoros abgelehnt. Aufgrund der geänderten Verhältnisse nach dem Fall der Monarchie wurde für die evangelische Kirche allein eine „Verwaltungstrennung"[126] im Rahmen der Neugestaltung der kirchlichen Verwaltung in Betracht gezogen. Daneben sollte eine besondere staatliche Aufsicht über die Religionsgesellschaften erhalten bleiben. Die Haltung der Partei zu der Frage nach einer staatlichen Aufsicht wurde geprägt durch eine latente Furcht vor dem politischen Katholizismus. Um die erwarteten Machtbestrebungen der katholischen Kirche zu unterbinden, wurde ein staatliches Aufsichtsrecht über die Religionsgesellschaften als unverzichtbar angesehen.

Die DVP nutzte die Kulturpolitik bewusst, um sich zu profilieren und sich gegen die anderen Parteien abzugrenzen. In diesem Zusammenhang wurde die Haltung der DDP in Fragen des zukünftigen Staatskirchenrechts überspitzt dargestellt, um diese Partei zu diskreditieren und als kirchenfeindlich darzustellen, in der Hoffnung, ihr Wählerpotenzial zu übernehmen[127]. Wichtiges Ziel der Partei war auch, die evangelischen Wähler für sich zu gewinnen. So wurde immer wieder versucht, lokal auftretende Bestrebungen zur Bildung einer evangelischen Partei als Pendant zur Partei des Zentrums zu unterbinden.

Vor diesem Hintergrund verwundert es nicht, dass die DVP den Fragebogen des Berliner Volkskirchendienstes in allen Punkten kirchenkonform beantwortete und so durch den EOK eine Wahlempfehlung zu ihren Gunsten bekam.

Die DVP erhielt ihre besten Ergebnisse aus der Opposition heraus. Mit dem Tod ihres charismatischen Parteivorsitzenden Gustav Stresemann 1929 verlor die Partei ihren Einfluss und zerfiel.

---

126 *Hermann Schuster*, Das Kulturprogramm der Deutschen Volkspartei, Berlin 1919, S. 3.

127 Vgl. Beispiele dazu bei *Ludwig Richter*, Kirche und Schule in den Beratungen der Weimarer Nationalversammlung (Schriften des Bundesarchivs, Band 47), Düsseldorf 1996, S. 91 ff.

f) Unabhängige Sozialdemokraten/Kommunistische Partei Deutschlands

Die Unabhängigen Sozialdemokraten (USPD) gründeten ihre Kulturpolitik ebenso wie die SPD auf dem Erfurter Programm, welches eine Trennung von Staat und Kirche proklamierte. Im Gegensatz zur SPD kam es der USPD darauf an, möglichst schnell vollendete Tatsachen zu schaffen, was insbesondere im Handeln *Adolph Hoffmanns* in der preußischen Übergangsregierung deutlich wurde[128].

Die staatlichen Finanzhilfen an die Religionsgesellschaften sollten möglichst bald eingestellt werden. Nach der Loslösung des Staates von den Kirchen könnte dieser auf seine Aufsichtsrechte gegenüber den Religionsgesellschaften verzichten[129]. Abgesehen von dieser grundsätzlichen Aussage maß die Partei der Kulturpolitik während der Umbruchphase aber nur eine untergeordnete Rolle zu[130]. Daraus erklärt sich auch, dass zu den oben genannten Forderungen nur wenig detaillierte Angaben gemacht wurden.

In der Nationalversammlung konnte die USPD noch 22 Abgeordnete stellen; zunehmend wurde die Partei jedoch von inneren Streitereien geschwächt. Ab 1920 kam es zu Abspaltungen größerer Gruppen, indem zunächst ein Teil der Parteimitglieder zu der Kommunistischen Partei Deutschlands (KPD) wechselte und sich später ein großer Teil der SPD anschloss[131].

In der Zeit der Nationalversammlung und den Anfängen der Weimarer Republik beteiligte sich die Kommunistische Partei Deutschlands nicht an der Ausgestaltung des neuen staatskirchenrechtlichen Systems oder des Staatssystems überhaupt und versuchte stattdessen, mit putschistischen Maßnahmen die revolutionäre Zeit zu verlängern

---

128 Siehe dazu in diesem Kapitel und Abschnitt Punkt 1.

129 Vgl. *Detlef Lehnert*, Sozialdemokratie und Novemberrevolution. Die Neuordnungsdebatte 1918/19 in der politischen Publizistik von SPD und USPD, Frankfurt, New York 1983, S. 254 ff.

130 Vgl. *Ludwig Richter*, Kirche und Schule in den Beratungen der Weimarer Nationalversammlung (Schriften des Bundesarchivs, Band 47), Düsseldorf 1996, S. 73.

131 Vgl. *Gerhard Schulz*, Zwischen Demokratie und Diktatur. Verfassungspolitik und Reichsreform in der Weimarer Republik, Band 1: Die Periode der Konsolidierung und der Revision des Bismarckschen Reichsaufbaus 1919–1930, 2. Auflage, Berlin 1987, S. 82 f.

oder wieder herbeizuführen[132]. Erst mit Auflösung der USPD folgte eine politische Stabilisierungsphase der KPD, in der sie jedoch nicht auf staatskirchenrechtliche Fragen Einfluss nahm. Der Vollständigkeit wegen soll sie hier aber kurz genannt werden.

III. Die Diskussion in der Nationalversammlung

Die oben dargestellten unterschiedlichsten und oft kontroversen Ansichten sowie die diversen Möglichkeiten für ein neues staatskirchenrechtliches System trafen in der Verfassunggebenden Nationalversammlung in Weimar aufeinander. Zwischen der Forderung von „Religion als Privatsache"[133] und den teilweise restaurativen Bestrebungen[134] mag es überraschen, dass man relativ zügig zu einer ersten gemeinsamen Arbeitsgrundlage gelangen konnte.

Bereits die erste Lesung innerhalb des Verfassungsausschusses brachte eine Klärung der wichtigsten Grundstrukturen für das zukünftige Staatskirchenrecht[135]. Schon zu diesem Zeitpunkt entschied man sich zur Beibehaltung des Besteuerungsrechts für die Kirchen; zudem sollte der Status quo in Bezug auf die bestehenden Staatsleistungen an die Kirchen bis auf Weiteres bestehen bleiben. Hervorzuheben ist in dem Zusammenhang die ebenfalls bereits zu diesem Zeitpunkt gefallene Entscheidung darüber, dass auch weiterhin Religionsgesellschaften die Möglichkeit zugestanden werden sollte, den Status einer Körperschaft des öffentlichen Rechts zu erhalten. Dies war ein entscheidender Schritt zur Anerkennung der althergebrachten Bedeutung der Kirchen, mit dem der weitere Gang der Verhandlung vorgezeichnet wurde.

Mit dem entschiedenen Kompromiss als Resultat der ersten Lesung wurde deutlich, dass ein Trennungssystem im Sinne des Erfurter Programms nicht mehr wahrscheinlich war. Eine Abschaffung der bestehenden Privilegien der Kirchen sowie eine Gleichbehandlung aller Religionsgesellschaften mit den sonstigen Vereinen des Privatrechts wäre ein Resultat gewesen, das weite Kreise aus dem konservativen Bürger-

---

132 Vgl. *Klaus-Michael Mallmann*, Kommunisten in der Weimarer Republik. Sozialgeschichte einer revolutionären Bewegung, Darmstadt 1996, S. 15 ff.

133 So die ursprüngliche Forderung der Sozialdemokraten aus dem Erfurter Programm, siehe dazu auch in diesem Kapitel Abschnitt II Punkt 3 a) sowie Fn. 108.

134 Siehe zur Haltung der Kirchen sowie der unterschiedlichen Ansichten der Parteien in diesem Kapitel Abschnitt II.

135 Vgl. *Ludwig Richter*, Kirche und Schule in den Beratungen der Weimarer Nationalversammlung (Schriften des Bundesarchivs, Band 47), Düsseldorf 1996, S. 639.

tum vor Beginn der Verhandlungen gefürchtet hatten. Die Abgeordneten der SPD hatten sich mit diesen Grundsätzen nicht durchsetzten können[136]. Stattdessen war ein kirchenfreundliches Ergebnis erlangt worden. Dies war umso überraschender, da die Einigung die am stärksten umstrittenen Punkte betraf. Zusammenfassend lässt sich sagen, dass der Vorschlag aus der ersten Lesung unter starker Mitwirkung der Abgeordneten des Zentrums und der bürgerlichen Parteien, wie insbesondere des Abgeordneten *Friedrich Naumann*, errungen wurde. Ohne eine dementsprechende Kompromissbereitschaft der sozialdemokratischen Abgeordneten, die insoweit von ihren grundsätzlichen Zielen abgerückt waren, wäre man jedoch nicht zu einer Einigung gelangt.

Innerhalb der zweiten Lesung versuchten die Vertreter eines strengen Trennungsmodells erneut ihre Position durchzusetzen und die Ergebnisse aus der ersten Lesung in Teilen rückgängig zu machen. Dieser Versuch scheiterte jedoch an der geschlossenen Haltung, welche sich in den bürgerlichen Parteien nach der ersten Lesung zu den kirchenpolitischen Fragen herausgebildet hatte. Einzelne Anträge von Sozialdemokraten wurden im Ausschuss sowie im Plenum einvernehmlich durch die anderen Fraktionen abgelehnt. Daraufhin verlagerten die Sozialdemokraten ihren kulturpolitischen Schwerpunkt innerhalb der Nationalversammlung auf den heftig umstrittenen Problemkreis der Schulpolitik[137]. Im weiteren Verlauf der Verfassungsentwicklungen wurden an den staatskirchenrechtlichen Regelungen kaum Änderungen vorgenommen[138], sodass der „Weimarer Kompromiss“ weitaus kirchenfreundlicher ausfiel, als im Vorfeld der Verfassunggebenden Nationalversammlung anzunehmen gewesen wäre[139].

Mit der Übernahme einzelner Institutionen und auch Begrifflichkeiten aus der vorausgegangenen staatskirchenrechtlichen Entwicklung in die Weimarer Reichsverfassung waren einige strukturelle Fragen aufgeworfen, die nicht im Rahmen der Nationalversammlung beantwortet

---

136 Vgl. *Josef Mausbach*, Kulturfragen in der Deutschen Verfassung. Eine Erklärung wichtiger Verfassungsartikel, Mönchengladbach 1920, S. 68.

137 Vgl. *Ludwig Richter*, Kirche und Schule in den Beratungen der Weimarer Nationalversammlung (Schriften des Bundesarchivs, Band 47), Düsseldorf 1996, S. 654 ff.

138 Vgl. *Carl Joseph Hering*, Zur Interpretation der Formeln innerhalb der Schranken des für alle geltenden Gesetzes (Art. 140 GG/ Art. 137 III WRV), in: Festschrift für Hermann Jahrreiß, S. 94.

139 *Bernd Jeand'Heur und Stefan Korioth*, Grundzüge des Staatskirchenrechts, Stuttgart 2000, S. 42.

wurden. In dem Bewusstsein, dass es sich bei den verfassungsrechtlichen Regelungen um einen Kompromiss mit möglichen inhaltlichen Brüchen handelte[140], waren Fragen wie der Umfang des Selbstbestimmungsrechts und das mögliche Fortbestehen einer besonderen Staatsaufsicht über alle oder einzelne Religionsgesellschaften zum Teil den zukünftigen Diskussionen überlassen worden, zum Teil traten sie auch erst mit der tatsächlichen Gestaltung des neuen staatskirchenrechtlichen Systems in Erscheinung[141].

Die Darstellung dieser Fragestellungen sowie die teilweise kontroversen Auslegungen der Verfassungsnormen in Zusammenhang mit dem Selbstbestimmungsrecht der Religionsgesellschaften sind Inhalt der vorliegenden Arbeit. Sollten neben dieser allgemeinen Darstellung über den Gang der Diskussion innerhalb der Verfassunggebenden Nationalversammlung einzelne konkrete Diskussionspunkte von Bedeutung sein, sei insoweit auf die jeweiligen Ausführungen in den entsprechenden Kapiteln verwiesen.

---

140 Vgl. *Christoph Link*, Ein Dreivierteljahrhundert der Trennung von Kirche und Staat in Deutschland, in: Festschrift für Werner Thieme zum 70. Geburtstag, hg. v. Bernd Bedecker, Hans Peter Bull und Ottfried Seewald, Köln, Berlin, Bonn, München 1993, S. 106.

141 Zu den Ansichten einzelner Abgeordneter siehe *Friedrich Giese*, Das kirchenpolitische System der Weimarer Verfassung, in: Archiv des öffentlichen Rechts N. F. 7 (1924), S. 1 ff. (S. 29 f.).

C. Der Inhalt des Artikels 137 Absatz 3 WRV

„Jede Religionsgesellschaft ordnet und verwaltet ihre Angelegenheiten selbständig innerhalb der Schranken des für alle geltenden Gesetzes. Sie verleiht ihre Ämter ohne Mitwirkung des Staates oder der bürgerlichen Gemeinden."[1]

Das Selbstbestimmungsrecht ist die Grundsatznorm des Staatskirchenrechts nach der Weimarer Reichsverfassung. Artikel 137 Absatz 3 WRV ist aus einem in der Nationalversammlung mühsam errungenen Kompromiss unterschiedlichster Interessen entstanden[2], und seine Behandlung warf schon in der Frühphase der Weimarer Republik viele Fragen auf. Nicht allein die Schrankenregelung war lebhaft in der Diskussion. Auch über ganz grundsätzliche Fragen zu Wesen, Geltung und insbesondere zu Inhalt und Reichweite des Artikels 137 Absatz 3 WRV herrschte unter den Staatskirchenrechtlern keine Einigkeit.

Die Diskussion über ein eventuelles Fortbestehen der Staatsaufsicht sowie die breit gefächerte Problematik der Schrankenregelung sind in diesem Kapitel aufgrund ihrer Komplexität ausgespart worden und werden im weiteren Verlauf der Arbeit jeweils in eigenen Kapiteln gesondert behandelt[3].

I. Grundsätzliches zu der Regelung des Artikels 137 Absatz 3 WRV

1. Die Geltung des Artikels 137 Absatz 3 WRV

Wie oben beschrieben[4], wurde dem Reich innerhalb der Verfassung von Weimar die Möglichkeit eröffnet, im Rahmen der Grundsatzkompetenz generelle Strukturen zur Regelung des neuen Verhältnisses zwischen dem Staat und den Religionsgesellschaften selbst zu gestalten.

---

1 Artikel 137 Absatz 3 der Verfassung des Deutschen Reiches vom 11. August 1919, abgedruckt in: *Horst Hildebrandt (Hrsg.)*, Die deutschen Verfassungen des 19. und 20. Jahrhunderts, 14. Auflage, Paderborn, München, Wien, Zürich 1992, S. 102.

2 Siehe dazu Kapitel B „Zur Entstehungsgeschichte des Artikels 137 Absatz 3 WRV" Abschnitt II und Abschnitt III.

3 Zur Schrankenregelung siehe Kapitel D „Die Schranke des „für alle geltenden Gesetzes"" und zur Staatsaufsicht Kapitel E „Einschränkungen durch die Staatsaufsicht".

4 Siehe dazu Kapitel A „Rechtsquellen" Abschnitt I Punkt 1a).

Die wichtigsten Grundsätze des neuen Systems hat der Reichsgesetzgeber bereits in der Weimarer Reichsverfassung festgelegt.

Für die Durchsetzbarkeit des neuen staatskirchenrechtlichen Systems und insbesondere für die Durchsetzbarkeit des Selbstbestimmungsrechts ist bedeutsam, welche Rechtswirkungen diesen durch das Reich festgelegten Grundsätzen zugestanden wurden. Die Tatsache, dass es sich um eine Materie handelte, für welche das Reich die Grundsatzkompetenz innehatte, gab für sich genommen noch keinen Aufschluss darüber, welche Wirkungen die jeweiligen Normen entfalteten. Es wurde unterschiedlich beurteilt, ob nur der Landesgesetzgeber durch die betreffende Regelung verpflichtet wurde oder ob ihr eine darüber hinausgehende unmittelbare Wirkung zukam.

Wurde einer verfassungsrechtlichen Norm eine unmittelbare Geltung zugestanden, führte dies dazu, dass mit ihrem Inkrafttreten alle entgegenstehenden Rechtsnormen aufgehoben waren, ohne dass es dazu eines formellen Aufhebungsaktes bedurft hätte. Ein von den Ländern erlassenes Aufhebungsgesetz besaß in einem solchen Fall lediglich eine deklaratorische Wirkung. Neu erlassene Gesetze konnten, wenn sie mit der betreffenden Norm im Widerspruch standen, keine Gültigkeit entfalten[5]. Auch ohne weitere konkretisierende Landesgesetze hatten Verwaltung und Justiz die Norm im Rahmen ihrer Entscheidungen zu beachten.

Eine nur mittelbar geltende Norm bedurfte dagegen ausgestaltender landesgesetzlicher Regelungen. Diese waren erforderlich, um einerseits die Wirkung des betroffenen Rechtes herbeizuführen und um andererseits eventuell bestehende widersprechende Landesgesetze aufzuheben. Aus diesem Grund kam bei einer solchen Norm dem landesgesetzlichen Aufhebungsakt eine konstitutive Wirkung zu. In beiden Fällen waren die Länder jedoch daran gehindert, Gesetze neu zu erlassen, die mit der betreffenden Norm in Widerspruch stehen würden.

Das Selbstverwaltungsrecht der Religionsgesellschaften ist innerhalb der Reichsverfassung in dem Abschnitt über die „Grundrechte und Grundpflichten" geregelt. Diese Tatsache allein entschied nach der zeitgenössischen Ansicht jedoch nicht darüber, ob die Norm eine unmittelbare Wirkung entfalten konnte. Um die in der Weimarer Republik geführte Diskussion über die Frage der unmittelbaren Geltung des Artikels 137 Absatz 3 WRV nachvollziehen zu können, darf man nicht von unserem heutigen Grundrechtsverständnis ausgehen.

Im Verlauf der Weimarer Republik unterlag die Anschauung über Wesen und Funktion der Grundrechte einem großen Wandel. Zu Beginn

---

5 Vgl. RGZ 103, 91 (94).

der Entwicklung dominierte noch die positivistische Auffassung, nach welcher es kein überstaatliches Recht gab. Folglich konnte es nach dieser Ansicht auch keine Garantie für einen unveränderten Bestand der Grundrechte über den aktuellen Willen des jeweiligen Gesetzgebers hinaus geben; denn dieser sollte durch eine einfache Verfassungsänderung jederzeit den bestehenden Zustand abändern können. Ausgehend von dieser Einstellung gewannen die Grundrechte im weiteren Verlauf der Entwicklung immer mehr an Bedeutung. *Klaus Kröger*[6] hat das Grundrechtsverständnis der Weimarer Epoche anschaulich als Form einer „Vorstufe" unserer heutigen Grundrechtsdogmatik bezeichnet. Dies sollte in diesem Zusammenhang jedoch nicht als negative Wertung verstanden werden, sondern als neutraler Verweis auf die Entwicklungsgeschichte.

Trotz dieser Entwicklungen hinsichtlich der Bedeutung der Grundrechte[7] hat man die unmittelbare Wirksamkeit der Grundrechte bis zum Ende der Weimarer Republik nicht generell anerkannt. Statt einer grundsätzlichen Regelung, die auf alle Grundrechte anzuwenden gewesen wäre, wählte man eine differenzierende Herangehensweise. Nach dieser wurde jeweils konkret hinterfragt, welche Wirkung der Verfassungsgeber der betreffenden Norm zugedacht hatte. Das hatte zur Folge, dass einige Normen bloße Richtlinien aufstellten, die entsprechend der einschlägigen Kompetenzregelung durch Reichs- oder Ländergesetze auszufüllen waren[8], während man bei anderen Vorschriften davon ausging, dass sie eine unmittelbare Geltung besaßen und keiner Ausführungsgesetze mehr bedurften.

In Bezug auf Artikel 137 Absatz 3 WRV gingen die Meinungen darüber auseinander, ob der Norm eine unmittelbare Geltung zukommen sollte. Insbesondere vonseiten der Landesregierungen wurde viel-

---

6 *Klaus Kröger*, Der Wandel des Grundrechtsverständnisses in der Weimarer Republik, in: Freundesgabe für Alfred Söllner zum 60. Geburtstag, Gießen 1990, S. 303.

7 Auf diese Entwicklung kann im Rahmen der vorliegenden Arbeit nicht weiter eingegangen werden. Interessant dazu insbesondere *Richard Thoma*, Die juristische Bedeutung der grundrechtlichen Sätze der deutschen Reichsverfassung im allgemeinen, in: die Grundrechte und Grundpflichten der Reichsverfassung, Band 1: Allgemeine Bedeutung der Grundrechte und die Artikel 102–117, hg. v. Hans Carl Nipperdey, Berlin 1929, S. 1 ff.; sowie *Klaus Kröger*, Der Wandel des Grundrechtsverständnisses in der Weimarer Republik, in: Freundesgabe für Alfred Söllner zum 60. Geburtstag, Gießen 1990, S. 299 ff. mit weiteren Nachweisen.

8 Vgl. *Friedrich Giese*, Verfassung des Deutschen Reichs vom 11. August 1919, 7. Auflage, Berlin 1926, S. 296 zu Anmerkung 1.

fach versucht, Artikel 137 Absatz 3 WRV dahingehend auszulegen, dass es zur endgültigen Wirksamkeit des Selbstbestimmungsrechts noch einer konkretisierenden und ausgestaltenden Landesgesetzgebung bedürfe[9]. Als Argument wurde Artikel 137 Absatz 8 WRV angeführt. Dieser gebe die Natur der Grundsatzkompetenz gemäß Artikel 10 Nr. 1 WRV entsprechend wieder und verlagere die Aufgabe der konkreten Ausgestaltung folgerichtig auf die Landesgesetzgebung. Die Regelung des Selbstbestimmungsrechts sei noch zu unbestimmt und bedürfe auch aus diesem Grunde ausfüllender Landesgesetze, die erst eine Wirksamkeit herbeiführen könnten.

Im Gegensatz dazu ging die Rechtsprechung[10] und die überwiegende Auffassung in der Literatur[11] davon aus, dass dem Artikel 137 Absatz 3 WRV eine unmittelbare Geltung zukomme[12]. Auch die Vertreter dieser Meinung argumentierten mit dem Wortlaut des Artikels 137 Absatz 8 WRV, welcher ihrer Ansicht nach nicht gegen eine unmittelbare Geltung von Absatz 3 sprach. Sie verwiesen speziell auf die Formulierung „soweit". Wie oben erwähnt, brauchten Regelungen, denen keine unmittelbare Geltung zukommt, Landesgesetze, welche erst ihre volle Wirksamkeit ermöglichten. Wäre der Verfassungsgeber davon ausgegangen, dass der Artikel 137 WRV in seiner Gesamtheit nur mittelbar

---

9 Vgl. *Friedrich Giese*, Das kirchenpolitische System der Weimarer Verfassung, in: Archiv des öffentlichen Rechts N. F. 7 (1924), S. 1 ff. (S. 52).

10 So z. B. RGZ 103, 91 (94) sowie RGZ 107, 287 (290). Diese Entscheidung beschäftigte sich mit der Ämterbesetzung nach Artikel 137 Absatz 3 Satz 2 WRV und bestätigte auch für diesen explizit aufgeführten Fall des Selbstbestimmungsrechts die unmittelbare Geltung. A. A. *Gerhard Anschütz*, Die Verfassung des Deutschen Reichs vom 11. August 1919, unveränderter fotomechanischer Nachdruck der 14. Auflage 1933, Bad Homburg v. d. H., Berlin, Zürich 1968, S. 639 f., der die unmittelbare Geltung nur für Satz 1annimmt.

11 Vgl. *Karl Pernutz*, Das Verhältnis von Staat und Kirche nach der Weimarer Verfassung (Diss.), Jena 1928, S. 32; *Josef Godehard Ebers*, Religionsgesellschaften, in: Die Grundrechte und Grundpflichten der Reichsverfassung, Band 2, hg. v. Hans Carl Nipperdey, Berlin 1930, S. 391 ff.; *Alfred Schulze*, Die kirchenrechtliche Judikatur des Reichsgerichts, in: Die Reichsgerichtspraxis im deutschen Rechtsleben, Band I: Öffentliches Recht, hg. v. Otto Schreiber, Berlin 1929, S. 287; *Josef Schmitt*, Die Selbstverwaltung der Religionsgesellschaften nach Artikel 137 Absatz 3 der neuen Reichsverfassung, in: Archiv des öffentlichen Rechts N. F. 3 (1922), S. 1 ff. (S. 6 ff.) mit Nachweisen zur Haltung der Nationalversammlung.

12 Anders *Christoph Gusy*, Die Weimarer Reichsverfassung, Tübingen 1997, S. 327, der davon ausgeht, dass Artikel 137 Absatz 3 WRV in der Weimarer Republik grundsätzlich als nicht unmittelbar geltend angesehen wurde.

gelten würde, hätte er einen generellen Verweis an die Landesgesetzgeber formuliert. Statt eines solchen habe er die weitere Ausgestaltung nur insoweit den Ländern zugestanden, als „die Durchführung dieser Bestimmungen eine weitere Regelung erfordert". Damit sei deutlich gemacht, dass einzelne Regelungen innerhalb des Artikels 137 WRV unmittelbare Geltung besäßen[13]. Ausgehend von diesen grundsätzlichen Erwägungen argumentierte man weiter mit dem Sinn und Zweck des neu gestalteten staatskirchenrechtlichen Systems. Um diesem die nötige Effektivität zu sichern, müsse im Zweifel dem Selbstbestimmungsrecht als der Grundsatznorm des Systems unmittelbare Geltung zukommen[14].

Wirft man einen Blick auf die Diskussion in der Nationalversammlung und auf die verschiedenen Formulierungsentwürfe, spricht dies dafür, dass der Verfassungsgeber in Artikel 137 Absatz 3 WRV eine Regelung mit unmittelbarer Wirkung schaffen wollte. Zu Beginn der Verfassungsdiskussion war die Verweisungsregelung an die Landesgesetzgeber noch ohne die Einschränkung des Wortes „soweit"[15] abgefasst. Im Unterschied zu der späteren Regelung sollte sie zu diesem Zeitpunkt nicht für den gesamten Artikel 137 WRV gelten, sondern nur für die Regelungen der Absätze 4 bis 6. Im *Unterausschuss für die Grundrechte*[16] wurde die Formulierung dann an den Schluss des Artikels gestellt, sodass sie Geltung für alle Regelungen des Artikels 137 WRV erhielt. Um die unmittelbare Geltung des Selbstbestimmungsrechts zu sichern, stellte der Abgeordnete *Peter Spahn* daraufhin den Antrag, Absatz 8 in seiner jetzigen Form einzufügen. Nach wiederholten Anträgen wurde die Formulierung schließlich – in dem Bewusstsein der Zielsetzung *Peter Spahns* – in der dritten Lesung vom Plenum der Nationalversammlung angenommen[17].

---

13 Vgl. *Paul Schoen*, Der Staat und die Religionsgesellschaften in der Gegenwart, in: Verwaltungsarchiv Band 29 (1924), S. 1 ff. (S. 6).

14 Vgl. *Josef Godehard Ebers*, Religionsgesellschaften, in: Die Grundrechte und Grundpflichten der Reichsverfassung, Band 2, hg. v. Hans Carl Nipperdey, Berlin 1930, S. 371.

15 „[…] die Durchführung dieser Bestimmungen liegt der Landesgesetzgebung ob", zitiert nach: *Josef Godehard Ebers*, Staat und Kirche im neuen Deutschland, München 1930, S. 141.

16 Näheres zu dem Ausschuss unter anderem bei *Ludwig Richter*, Kirche und Schule in den Beratungen der Weimarer Nationalversammlung (Schriften des Bundesarchivs, Band 47), Düsseldorf 1996, S. 412 ff.

17 Vgl. *Josef Mausbach*, Kulturfragen in der Deutschen Verfassung. Eine Erklärung wichtiger Verfassungsartikel, Mönchengladbach 1920, S. 72.

2. Der Begriff der Religionsgesellschaft

Nach dem Wortlaut des Artikels 137 Absatz 3 WRV steht das Selbstbestimmungsrecht allen Religionsgesellschaften zu. Der Begriff der Religionsgesellschaften ist nicht durch die Weimarer Reichsverfassung definiert worden. Zur Klärung der Frage, welche religiösen Vereinigungen oder Strukturen mithin als solche klassifiziert werden könnten, darf man den Begriff der Religionsgesellschaft nicht ohne Weiteres mit dem heute gebräuchlichen Begriff der Religionsgemeinschaften und dem damit verbundenen Verständnis gleichsetzen.

Der Ausdruck Religionsgesellschaft hat seinen Ursprung in der Aufklärung und wurde von der *Kollegialtheorie*[18] geprägt. Ihm lag der Gedanke zugrunde, dass selbst die Strukturen der großen Kirchen letztlich auf die einzelne Gemeinde zurückzuführen seien, welche ihrerseits nur eine Form des Zusammenschlusses Einzelner in einem Verein darstellten. In der Zeit des absolutistischen Staates mit seinem umfassenden Machtanspruch setzte das Allgemeine Preußische Landrecht[19] diese Idee konsequent um, indem es allein die einzelne Gemeinde als Religionsgesellschaft anerkannte und ihr damit eine rechtliche Existenz zugestand. Es wurde bewusst das Vorhandensein einer möglichen übergeordneten Organisationsform negiert, um sicherstellen zu können, dass innerhalb der staatlichen Herrschaftssphäre keine andere konkurrenzfähige Macht entstünde.

Artikel 137 Absatz 3 WRV übernimmt zwar den Begriff der Religionsgesellschaft, nicht aber die damit verbundene althergebrachte Vorstellung mit ihrer Spaltung der kirchlichen Organisation. Religionsgesellschaften wurden nunmehr als „ein die Angehörigen eines und desselben Glaubensbekenntnisses – oder mehrerer verwandter Glaubensbekenntnisse – für ein Gebiet zusammengefasster Verband zu allseitiger Erfüllung der durch das gemeinsame Bekenntnis gestellten Aufgaben“[20] verstanden. Der Anknüpfungspunkt für die rechtliche Existenz lag – im Gegensatz zu dem alten Verständnis – nicht bei der kleinsten

---

18 Vgl. dazu die Ausführungen in Kapitel B „Zur Entstehungsgeschichte des Artikels 137 Absatz 3 WRV“ Abschnitt I Punkt 2 a).

19 Vgl. Zweyter Theil Eilfter Titel „Von den Rechten und Pflichten der Kirchen und geistlichen Gesellschaften“ des Allgemeinen Landrechts für die preußischen Staaten; zu finden unter URL: www.koeblergerhard.de/fontes/ALR1 fuerdiepreussischen Staaten1794teil1.htm

20 *Gerhard Anschütz*, Die Verfassung des Deutschen Reichs vom 11. August 1919, unveränderter fotomechanischer Nachdruck der 14. Auflage 1933, Bad Homburg v. d. H., Berlin, Zürich 1968, S. 633.

Einheit, sondern bei der übergeordneten Instanz. Gegenstand des Selbstbestimmungsrechts war es zu bestimmen, welches die übergeordnete Instanz einer Religionsgesellschaft war. Die Religionsgesellschaften legten autonom durch ihre Satzungen, ihre Verfassungen bzw. durch das jeweilige Kirchenrecht fest, welchem konkreten Organ die Befugnisse einer höheren Instanz zukamen. Grundvoraussetzung einer solchen höheren Instanz war jedoch, dass sie eine gewisse Gesamtorganisation innerhalb der Religionsgesellschaft besaß, die z. B. den meisten jüdischen Gemeinschaften fehlte. Hier besaßen die einzelnen Synagogen-Gemeinden direkt den Status von Religionsgesellschaften[21]. In der evangelischen Kirche hatte die jeweilige Landeskirche diesen Status inne. Dabei konnte es auch vorkommen, dass in einem Land gleich mehrere Landeskirchen eines Bekenntnisses als Religionsgesellschaft anerkannt wurden[22].

Das Kriterium der Gesamtorganisation führte auch zu Schwierigkeiten, wenn es um die Behandlung der katholischen Kirche ging, da eine Gesamtorganisation innerhalb des Landes- oder zumindest des Reichsgebietes gemeint war[23]. Die römisch-katholische Kirche verstand und versteht sich als Weltkirche, die neben einer einheitlichen inneren Bekenntniskirche auch über eine zusammengehörende äußere Organisation verfügt, die unabhängig von bestehenden Landesgrenzen existiert. In dieser Gesamtheit konnte sie nicht als Religionsgesellschaft im Sinne der Reichsverfassung charakterisiert werden. Zur Lösung dieses Problems ging man verschiedene Wege. In den meisten Ländern wurden die jeweiligen Bistümer als oberste Instanz und damit als Religionsgesellschaft angesehen, da diese nach dem katholischen Selbstverständnis, wie es im *Codex Juris Canonici* seinen Ausdruck gefunden hatte, die höchste Organisation innerhalb eines Territoriums darstellte[24]. Die bayerische Landesregierung ist in dieser Frage einen anderen Weg gegangen, indem sie schon früh statt der Bistümer die gesamte katholische Kirche in Bay-

---

21 Anders jedoch in den Ländern Baden und Württemberg, wo die jüdischen Gemeinschaften jeweils in einer Gesamtorganisation zusammengefasst waren, welcher damit den Status einer Religionsgesellschaft erhielt.

22 So z. B. in Preußen, wo sieben evangelische Landeskirchen nebeneinander bestanden.

23 Vgl. *Josef Schmitt*, Die Selbstverwaltung der Religionsgesellschaften nach Artikel 137 Absatz 3 der neuen Reichsverfassung, in: Archiv des öffentlichen Rechts N. F. 3 (1922), S. 1 ff. (S. 74).

24 So insbesondere in Preußen; in den Hansestädten kam unter Umständen den einzelnen katholischen Gemeinden der Status einer Religionsgesellschaft zu.

ern – auch ohne eine zusätzliche Gesamtorganisation – als Religionsgesellschaft anerkannte[25].

Dass sich die Bistümer innerhalb der katholischen Kirche aus eigenem Willen in eine gemeinsame Hierarchie eingliederten, beeinträchtigte ihren Status der Reichsverfassung zufolge nicht. Denn unabhängig von diesem konnten sich die Religionsgesellschaften aufgrund ihres Selbstbestimmungsrechts im Rahmen ihrer Verfassungen auch einer höheren Instanz außerhalb der Reichsgrenzen unterwerfen. Darüber hinaus bestand für die Religionsgesellschaften die Möglichkeit, sich zu Verbänden oder ähnlichen übergeordneten Strukturen innerhalb der Reichs- oder Landesgrenze zusammenzuschließen[26]. Diese Verbände waren ihrerseits eigenständige Religionsgesellschaften, ohne dass die Mitglieder ihren eigenen Status einer Religionsgesellschaft verloren. Die einzelnen Gemeinden innerhalb einer Religionsgesellschaft besaßen diesen Status dagegen nicht. Ihnen standen die Rechte aus dem Selbstbestimmungsrecht nur insoweit zu, als die Verfassung oder Satzung ihrer Religionsgemeinschaft sie ihnen einräumte[27].

Während das Allgemeine Preußische Landrecht zu den Religionsgesellschaften auch die religiösen Vereine und Gesellschaften zählte, wurden sie von dem Begriff der Religionsgesellschaft im Sinne der Weimarer Reichverfassung nicht mehr umfasst[28]. Ein religiöser Verein wurde verstanden als eine Vereinigung, die einzelne religiöse Zwecke verfolgte und dabei auch aus Mitgliedern verschiedener Religionsgesellschaften bestehen konnte. Ebenso wenig unter die Definition einer Religionsgesellschaft fielen die Weltanschauungsgesellschaften, also Zusammenschlüsse von Personen mit gleicher Weltanschauung, die sich zur Pflege derselben zusammengefunden hatten. Die Religionsgesellschaft wurde von der Weltanschauungsgesellschaft allein durch den Glauben an eine personifizierte Gottheit abgegrenzt. Weltanschauungsgesellschaften waren zwar grundsätzlich gemäß Artikel 137 Absatz 7

---

25 Vgl. § 18 des Religionsedikts vom 26. Mai 1818.

26 Vgl. Artikel 137 Absatz 2 Satz 2: „Der Zusammenschluß von Religionsgesellschaften innerhalb des Reichsgebietes unterliegt keinen Beschränkungen", abgedruckt in: *Horst Hildebrandt (Hrsg.)*, Die deutschen Verfassungen des 19. und 20. Jahrhunderts, 14. Auflage, Paderborn, München, Wien, Zürich 1992, S. 102.

27 Vgl. *Josef Schmitt*, Die Selbstverwaltung der Religionsgesellschaften nach Artikel 137 Absatz 3 der neuen Reichsverfassung, in: Archiv des öffentlichen Rechts N. F. 3 (1922), S. 1 ff. (S. 3).

28 Vgl. *Josef Godehard Ebers*, Staat und Kirche im neuen Deutschland, München 1930, S. 167.

WRV[29] den Religionsgesellschaften gleichzustellen; diese Regelung wurde indes nicht als ein Grundrecht anerkannt, sondern nur als eine Verpflichtung an den Gesetzgeber[30] gesehen. So kam es nicht zu einer vollen Gleichstellung von Religionsgesellschaften und Weltanschauungsgesellschaften[31].

Handelte es sich bei der betreffenden Gemeinschaft nach dem oben Gesagten um eine Religionsgesellschaft, so blieben ihr jeweiliger Status oder die rechtliche Struktur für diese grundsätzliche Charakterisierung unmaßgeblich. Eine Religionsgesellschaft konnte ebenso ein nicht rechtsfähiger Verein sein wie eine Körperschaft des öffentlichen Rechts.

Zusammenfassend lässt sich sagen, dass die Bestimmung einer Vereinigung als Religionsgesellschaft in der Weimarer Republik nicht die heute entstehenden Probleme aufwarf, da die religiöse Landschaft noch sehr homogen gestaltet war. Neben den großen Kirchen und den jüdischen Religionsgesellschaften waren die übrigen kleineren Religionsgesellschaften meist in den christlichen Strukturen verhaftet und ließen sich daher leichter in ein abendländisch geprägtes Verständnis einordnen.

II. Der Inhalt des Selbstbestimmungsrechts der Religionsgesellschaften

Die grundsätzliche Anerkennung des Selbstbestimmungsrechts der Kirchen und Religionsgesellschaften bestimmt das Fundament des staatskirchenrechtlichen Systems der Weimarer Verfassung. Wie oben gezeigt, gilt dieses Recht für alle Religionsgesellschaften, unabhängig von ihrem jeweiligen Status oder der Frage, ob sie Rechtsfähigkeit besitzen.

Im Gegensatz zum Großteil der früheren Verfassungen enthielt Artikel 137 Absatz 3 WRV wie schon § 147 Absatz 1 Paulskirchenverfas-

29 „Den Religionsgesellschaften werden die Vereinigungen gleichgestellt, die sich die gemeinschaftliche Pflege einer Weltanschauung zur Aufgabe gemacht haben"; abgedruckt in: *Horst Hildebrandt (Hrsg.)*, Die deutschen Verfassungen des 19. und 20. Jahrhunderts, 14. Auflage, Paderborn, München, Wien, Zürich 1992, S. 102.

30 Vgl. *Josef Godehard Ebers*, Staat und Kirche im neuen Deutschland, München 1930, S. 70; *Gerhard Anschütz*, Die Verfassung des Deutschen Reichs vom 11. August 1919, unveränderter fotomechanischer Nachdruck der 14. Auflage 1933, Bad Homburg v. d. H., Berlin, Zürich 1968, S. 633 (insbesondere die Ausführung in Fn. 1).

31 Vgl. *Christoph Gusy*, Die Weimarer Reichsverfassung, Tübingen 1997, S. 324.

sung keine Beschränkung des Selbstbestimmungsrechts auf „innere" oder „geistliche" Angelegenheiten[32]. Das Selbstbestimmungsrecht war damit nicht mehr in der überkommenen Weise gegenständlich begrenzt und umfasste das selbstständige Ordnen und Verwalten aller eigenen Angelegenheiten.

1. „Ordnen und Verwalten"

Die Formulierung „ordnet und verwaltet selbständig" findet sich seit 1848 in den staatskirchenrechtlichen Regelungen vieler Verfassungen[33]. In der Weimarer Reichsverfassung wurden damit das Recht und die Freiheit der Religionsgemeinschaften verstanden, sich frei zu organisieren und ihre Angelegenheiten ebenso zu verwalten und zu ordnen. Beide Begriffe sind weit auszulegen[34]. Man kann die durch den Wortlaut des Artikels 137 Absatz 3 WRV angedeutete Zweiteilung in dem Sinne verdeutlichen, dass das Ordnen die Schaffung und Gestaltung von grundsätzlichen Strukturen zur Erfüllung der eigenen Angelegenheiten umfasst. Im Gegensatz dazu ist das Verwalten als eine beständige Anwendung und konkrete Durchführung der geschaffenen Strukturen zu verstehen. Dieser sprachlichen Unterscheidung zwischen Ordnen und Verwalten im Normtext liegt jedoch keine streng formelle Trennung der beiden Aspekte zugrunde. Im Zweifelsfall ist es daher nicht erheblich, ob das betreffende Handeln der Religionsgesellschaften im Rahmen des Selbstbestimmungsrechts dem Verwalten oder dem Ordnen zugeordnet werden kann.

a) Ordnen

Der Begriff des Ordnens beinhaltete in diesem Zusammenhang das Recht jeder Religionsgesellschaft, selbstständig Normen und Regelungen für ihre Mitglieder aufzustellen. Eine eigene Rechtsetzung ermöglichte den Religionsgesellschaften, sich eine unabhängige Organisationsstruk-

---

32 Zu diesem Themenkreis und insbesondere zu den Begriffen des *ius in sacra* und des *ius circa sacra* siehe Kapitel B „Zur Entstehungsgeschichte des Artikels 137 Absatz 3 WRV" Abschnitt I Punkt 2 a).

33 So z. B. in § 147 der Verfassung des Deutschen Reichs von 1849 und in Artikel 15 der revidierten Verfassung für den preußischen Staat vom 31. Januar 1850. Beide abgedruckt in: *Horst Hildebrandt (Hrsg.),* Die deutschen Verfassungen des 19. und 20. Jahrhunderts, 14. Auflage, Paderborn, München, Wien, Zürich 1992, S. 22 und S. 13.

34 Vgl. *Friedrich Giese,* Das kirchenpolitische System der Weimarer Verfassung, in: Archiv des öffentlichen Rechts N. F. 7 (1924), S. 1 ff. (S. 44).

tur zu geben[35]. Dadurch konnte ein Rahmen geschaffen werden, nach welchem die Religionsgesellschaften ihre religiösen Funktionen und Aufgaben im weitesten Sinne eigenverantwortlich erfüllen konnten.

Zu der Frage, welche Rechtsnatur dieses von den Religionsgesellschaften unabhängig gesetzte Recht besaß, wurden in der staatskirchenrechtlichen Literatur unterschiedliche Positionen vertreten. Einigkeit herrschte jedoch darüber, dass die so entstandenen abstrakten Normen, die daraufhin ergehenden Entscheidungen sowie die konkreten Durchführungsmaßnahmen im Rahmen von Einzelfällen für die betreffenden Mitglieder der jeweiligen Religionsgesellschaft bindend waren.

Eine darüber hinausgehende, von der Zugehörigkeit zu einer Religionsgesellschaft unabhängige Außenwirkung konnten diese Regelungen nicht entfalten. Eine Person, die nicht Mitglied der betreffenden Religionsgesellschaft war, konnte nicht durch die aufgestellten Normen verpflichtet werden. Ebenso wenig konnten die Normen für ein Mitglied der Religionsgesellschaft Verpflichtung oder Sanktionen aufstellen, die das Mitglied in seinen vom Staat garantierten Rechten betrafen. Dementsprechend mussten staatliche Stellen diese Normen nicht beachten. Eine gewisse Wirkung kam den Normen der Religionsgesellschaften in Konfliktfällen, deren Auswirkungen in die staatliche Rechtsordnung hineinwirkten, jedoch dadurch zu, dass staatliche Gerichte die Normen bis zum Beweis des Gegenteils als für die Mitglieder verbindlich behandelten[36].

In der Weimarer Republik wurde für den Themenkreis der religionsgesellschaftlichen Rechtsetzungsgewalt noch vielfach der Begriff der Autonomie verwendet[37]. Dies lässt sich am besten mit einem Festhalten an althergebrachten Formulierungen erklären. Unter Autonomie versteht man allgemein eine Hoheitsgewalt, die der betreffenden Institution nicht originär zusteht, sondern ihr vom Staat übertragen wurde. Zu einer solchen Übertragung von staatlicher Hoheitsgewalt kommt es, wenn sich der Staat der Institution bedient, um primär dem Staat obliegende Aufgaben zu erfüllen. In früheren staatskirchlichen Epochen kam es zu sol-

---

35 Vgl. *Eduard Hubrich*, Das demokratische Verfassungsrecht des deutschen Reiches, Greifswald 1921, S. 232.

36 Vgl. *Josef Godehard Ebers*, Staat und Kirche im neuen Deutschland, München 1930, S. 255.

37 So z. B. *Albert Michael Koeniger*, Staat und Kirche, Augsburg 1927, S. 34; *Wilhelm Scheuer*, Was bedeutet im Artikel 137 Reichsverfassung: „Jede Religionsgesellschaft ordnet und verwaltet ihre Angelegenheiten selbständig innerhalb der Schranken des für alle geltenden Gesetzes"? (Diss.), Rosenheim 1929, S. 25.

chen Aufgabenübertragungen auf die Kirchen. Im Rahmen der Weimarer Verfassung war die Rechtsetzungsgewalt der Religionsgesellschaften jedoch ein eigenständiges Recht und folgte nicht aus einer vom Staat übertragenen Hoheitsgewalt[38]. Die durch das Selbstbestimmungsrecht im Sinne der Weimarer Reichsverfassung umfassten Aufgaben waren ausnahmslos keine staatlichen Aufgaben. Sie waren vielmehr in den religiösen Funktionen und in dem Sendungszweck der Religionsgesellschaften begründet und wurden in dieser Form durch Artikel 137 Absatz 3 WRV garantiert.

Auch die Religionsgesellschaften, die den Status einer Körperschaft des öffentlichen Rechts besaßen, erfüllten eigene Aufgaben in diesem Sinne[39]. Der Status einer Körperschaft des öffentlichen Rechts, den insbesondere die Kirchen innehatten, war auch in der Weimarer Republik nicht mit dem Status sonstiger Körperschaften des öffentlichen Rechts im eigentlichen Sinne zu vergleichen. Diese besaßen eine gewisse Autonomie, aber kein eigenständiges Selbstbestimmungsrecht[40].

b) Verwalten

Zusätzlich zu dem Funktionsbereich Ordnen umfasst das Selbstbestimmungsrecht der Religionsgesellschaften nach Artikel 137 Absatz 3 WRV auch das Verwalten der eigenen Angelegenheiten. Dieses beinhaltet neben der eigentlichen Administration alle Funktionen der Organisation und der Leitung einer Religionsgesellschaft. In diesem Zusammenhang wurde auch die Gewährleistung einer eigenständigen Rechtsprechung der Religionsgesellschaften vom Selbstbestimmungsrecht umfasst. Sie konnte je nach Struktur der Religionsgesellschaft[41] auch von Straf- oder Disziplinarmaßnahmen begleitet werden.

---

38 Vgl. *Ernst Forsthoff*, Die öffentliche Körperschaft im Bundesstaat: Eine Untersuchung über die Bedeutung der institutionellen Garantie in den Artikeln 127 und 137 der Weimarer Verfassung, Tübingen 1931, S. 19 ff.

39 Vgl. *Arthur Lilienthal*, Die Staatsaufsicht über die Religionsgesellschaften nach Artikel 137 der Reichsverfassung, Berlin 1925, S. 69, der ebenfalls den Begriff Autonomie in diesem Zusammenhang ablehnte.

40 Zu den Religionsgesellschaften, die den Status einer Körperschaft des öffentlichen Rechts besaßen, und zu den sich daraus ergebenden Besonderheiten siehe unten Kapitel E „Einschränkungen durch die Staatsaufsicht'" Abschnitt II.

41 So verfügt die katholische Kirche über eine Zivil-, Straf- und Disziplinargerichtsbarkeit, während es innerhalb der evangelischen Kirche eine Disziplinar- und Zuchtgewalt gab; vgl. dazu insbesondere *Josef Godehard Ebers*, Staat und Kirche im neuen Deutschland, München 1930, S. 257.

Wie bereits erörtert[42], konnte den im Rahmen dieser Rechtsprechung ergangenen Entscheidungen nur interne Wirkung zukommen. So konnte z. B. eine Entscheidung der Religionsgesellschaft in Fragen von Ehe- und Familienrecht keinerlei Wirkung für das staatliche Zivilrecht entfalten.

2. „Ihre Angelegenheiten"

Die grundsätzlichen Erwägungen zum Inhalt des Selbstbestimmungsrechts, soweit sie sich auf die Begriffe Ordnen und Verwalten beziehen, waren allgemein anerkannt. Der Umfang des Selbstbestimmungsrechts jedoch lässt sich allein auf der Basis des Genannten nicht hinreichend genug bestimmen. Artikel 137 Absatz 3 Satz 1 WRV bezieht das Selbstbestimmungsrecht der Religionsgesellschaften auf „ihre Angelegenheiten". Unter den Staatskirchenrechtlern in der Weimarer Republik herrschte keine Einigkeit über die Frage, welche Bereiche in konkreten Zweifelsfällen zu diesen Angelegenheiten zu zählen seien. Ansatzpunkt der Diskussion war die Frage, wem es im Konfliktfall zustand, den Umfang der Angelegenheiten und damit mittelbar auch die Reichweite des Selbstbestimmungsrechts zu bestimmen.

Im Weiteren wird für den Themenkreis der Angelegenheiten der Religionsgesellschaften die Formulierung „eigene Angelegenheiten" gebraucht. Diese Begrifflichkeit wurde von der Mehrzahl der Staatskirchenrechtler in der Weimarer Republik verwendet und soll daher zum besseren Verständnis auch hier genutzt werden. Es sei jedoch darauf hingewiesen, dass dies keine Einschränkung im Sinne der überkommenen Unterscheidung von *ius in sacra* und *ius circa sacra*[43] bedingen soll.

Die Entscheidungsbefugnis über den möglichen Umfang der eigenen Angelegenheiten war in den vorhergegangen staatskirchenrechtlichen Entwicklungen unterschiedlich ausgeübt worden. Im Mittelalter war es vornehmlich die Kirche, die bestimmt hatte, was als eigene Angelegenheiten von ihr wahrgenommen wurde. Im Gegensatz dazu hatte insbesondere der absolutistische Staat die Grenzziehung ganz übernommen und den Umfang der Angelegenheiten der Religionsgesellschaften zu seinen Gunsten stark eingeschränkt. Dazu wurden viele

---

42 Siehe dazu die Erörterungen zu dem durch die Religionsgesellschaften gesetzten Recht in diesem Kapitel und Abschnitt Punkt 1a).

43 Zu den Begriffen des *ius in sacra* und des *ius circa sacra* siehe Kapitel B „Zur Entstehungsgeschichte des Artikels 137 Absatz 3 WRV" Abschnitt I Punkt 2 a), sowie *Johannes Heckel*, Cura religionis, ius in sacra, ius circa sacra, in: Festschrift für Ulrich Stutz zum siebzigsten Geburtstag, Neudruck der Ausgabe von 1938, Amsterdam 1969, S. 224 ff.

Aufgaben als staatliche Angelegenheiten deklariert, die nach heutiger Sicht dem Bereich der eigenen Angelegenheiten zugeordnet würden.

Vor diesem entwicklungsgeschichtlichen Hintergrund wurde die Frage der Bestimmung des Umfangs der jeweiligen Angelegenheiten in der Weimarer Republik lebhaft diskutiert und im Wesentlichen die drei nachstehend aufgeführten Argumentationslinien verfolgt.

a) Die Rechtsprechung des Preußischen Oberverwaltungsgerichts

Das Preußische Oberverwaltungsgericht hatte sich in einer Entscheidung aus dem Jahre 1924[44] mit der Frage nach der Einordnung von Angelegenheiten der Religionsgesellschaften zu beschäftigen. In diesem Zusammenhang vertrat das Gericht die Auffassung, dass die Klassifizierung als eigene Angelegenheit allein in der Kompetenz des Staates liege. Und da dieser die weitere Ausgestaltung des Staatskirchenrechts in Artikel 137 Absatz 8 WRV dem Landesrecht zugewiesen habe, sei es damit die Sache der Landesgesetzgeber, die konkreten Abgrenzungsfälle zu regeln.

Das Preußische Oberverwaltungsgericht lieferte in seiner Entscheidung keine näheren Begründungen zu seinem Standpunkt. Weitere Ausführungen finden sich jedoch bei denjenigen Vertretern[45] innerhalb der Literatur, welche die Meinung des Gerichts teilten. Diese stimmten mit dem Gericht darin überein, dass die Bestimmung der eigenen Angelegenheiten noch nicht durch die Verfassung vorgenommen worden sei und damit dem Landesrecht die Einordnung der strittigen Bereiche obliege. Bei der Bestimmung im Einzelnen unterlag der Landesgesetzgeber nach dieser Ansicht nur einem Willkürverbot und hatte ansonsten allein die Rechtsgrundsätze der Verfassung zu achten[46]. Die Anschauungen der Religionsgesellschaften musste er bei seiner Entscheidung nicht be-

---

44 PreußOVGE 82, 196 (204 f.).

45 Unter anderem *Paul Schoen*, Der Staat und die Religionsgesellschaften in der Gegenwart, in: Verwaltungsarchiv Band 29 (1924), S. 1 ff. (S. 8 f); *Wilhelm Scheuer*, Was bedeutet im Artikel 137 Reichsverfassung: „Jede Religionsgesellschaft ordnet und verwaltet ihre Angelegenheiten selbständig innerhalb der Schranken des für alle geltenden Gesetzes"? (Diss.), Rosenheim 1929, S. 46 ff.; zu Beginn auch *Gerhard Anschütz*, Die Verfassungsurkunde für den preußischen Staat vom 31. Januar 1850, Berlin 1912, S. 305 ff.

46 Vgl. *Wilhelm Scheuer*, Was bedeutet im Artikel 137 Reichsverfassung: „Jede Religionsgesellschaft ordnet und verwaltet ihre Angelegenheiten selbständig innerhalb der Schranken des für alle geltenden Gesetzes"? (Diss.), Rosenheim 1929, S. 47.

rücksichtigen. Anknüpfungspunkt für das Willkürverbot war dabei nicht die eventuell grundlose Festsetzung einer Angelegenheit der Religionsgesellschaften als staatliche Angelegenheit. Vielmehr sollte durch die Beachtung des Willkürverbots die Gleichberechtigung unter den Religionsgesellschaften sichergestellt werden. Hintergründe dieser Einschränkungen waren historische Erfahrungen, nach denen in einzelnen Ländern Angelegenheiten für die katholische Kirche als eigene Angelegenheiten anerkannt worden waren, für die evangelische Kirche dies aufgrund ihrer Nähe zum Staat jedoch nicht galt. Eine solche Ungleichbehandlung sollte in Zukunft ausgeschlossen sein.

Theoretische Grundlage und argumentativer Ansatzpunkt dieser Meinung war die Überzeugung, dass das Selbstbestimmungsrecht keine den Religionsgesellschaften originär zustehende Freiheit war. Es handle sich vielmehr um ein durch den Staat freiwillig eingeräumtes Recht, welches die Souveränität des Staates innerhalb seines Gebietes nicht einschränken oder gefährden dürfe. Trotz der Gewährleistung einer solchen Freiheit bleibe jede Religionsgesellschaft ein „dem Staat untergeordneter Verband“[47]. Aus Sicht dieser positivistischen Auffassung war es daher folgerichtig, davon auszugehen, dass dem Staat die Bestimmung des Umfangs eines Rechts zusteht, welches er von sich aus gewährt hat. Besonders deutlich tritt diese Grundhaltung hervor, wenn in den Ausführungen einiger Autoren nicht von den eigenen Angelegenheiten der Religionsgesellschaften die Rede ist, sondern von den „zur selbständigen Erledigung […] überlassenen Angelegenheiten“[48].

b) Die Lehre von Gerhard Anschütz

Während *Gerhard Anschütz* zu Beginn der staatskirchenrechtlichen Entwicklung in der Weimarer Republik[49] noch die Ansicht des Preußischen Oberverwaltungsgerichts geteilt hatte, vertrat er später in seinem Kommentar zur Reichsverfassung[50] eine abgewandelte These.

---

47 *Gerhard Anschütz*, Die Verfassung des Deutschen Reichs vom 11. August 1919, unveränderter fotomechanischer Nachdruck der 14. Auflage 1933, Bad Homburg v. d. H., Berlin, Zürich 1968, S. 635.

48 So z. B. *Wilhelm Scheuer*, Was bedeutet im Artikel 137 Reichsverfassung: „Jede Religionsgesellschaft ordnet und verwaltet ihre Angelegenheiten selbständig innerhalb der Schranken des für alle geltenden Gesetzes“? (Diss.), Rosenheim 1929, S. 47.

49 Vgl. *Gerhard Anschütz*, Die Verfassungsurkunde für den preußischen Staat vom 31. Januar 1850, Berlin 1912, S. 307.

50 Vgl. *Gerhard Anschütz*, Die Verfassung des Deutschen Reichs vom 11. August 1919, unveränderter fotomechanischer Nachdruck der 14. Auflage 1933, Bad

Auch nach dieser Auffassung war es grundsätzlich der Staat, welcher die Bestimmung zu einer eigenen Angelegenheit vornahm. Insofern blieb er dem Leitgedanken seiner bisherigen Ansicht treu. Im Gegensatz zu der Haltung des Preußischen Oberverwaltungsgerichts ging er jedoch nun davon aus, dass diese Bestimmung bereits durch den Verfassungsgesetzgeber erfolgt sei. Somit könne die von Artikel 137 Absatz 3 WRV grundsätzlich vorgegebene Reichweite der eigenen Angelegenheiten nicht im Nachhinein begrenzt werden; für eigene Entscheidungen der Landesgesetzgeber bleibe insofern kein Raum mehr. Sollten sich Zweifelsfälle ergeben, bedürfe es einer Auslegung der Verfassung. Und im Konfliktfall sei es dann die Aufgabe der Gerichte, die Gegenstände der eigenen Angelegenheiten bindend festzustellen.

In der theoretischen Grundlage seiner modifizierten Ansicht blieben *Gerhard Anschütz* und die ihm folgenden Vertreter der Literatur in Übereinstimmung mit der oben beschriebenen Meinung des Preußischen Oberverwaltungsgerichts. Denn sie gingen weiterhin von der freiwilligen Gewährung des Selbstbestimmungsrechts der Religionsgesellschaften durch den Staat aus - verbunden mit einer nachgeordneten Stellung der Religionsgesellschaften.

c) Die Lehre von Josef Godehard Ebers

Eine andere, namentlich von dem einflussreichen Staatskirchenrechtler *Josef Godehard Ebers*[51] vertretene Ansicht in der Literatur[52] trat den oben beschrieben Theorien entschieden entgegen. Man sah vor allem die Gefahr, dass eine solche einseitige Bestimmung von staatlicher Seite die Garantie des Artikels 137 Absatz 3 WRV im Extremfall aushöhlen könnte, indem wesentliche oder konfliktgefährdete Bereiche einseitig zu staatlichen Angelegenheiten erklärt würden.

Diese Ansicht zeigte ein konträres Verständnis von der Natur des Selbstbestimmungsrechts. Sie betonte die Eigenständigkeit der Religionsgesellschaften, die ein ursprüngliches eigenes Recht besäßen. Dieses

---

Homburg v. d. H., Berlin, Zürich 1968, Anm. 4 zu Artikel 137, S. 635 f. Dem folgend z. B. *Friedrich Giese*, Das kirchenpolitische System der Weimarer Verfassung, in: Archiv des öffentlichen Rechts N. F. 7 (1924), S. 1 ff. (S. 7 ff.).

51 Vgl. *Josef Godehard Ebers*, Staat und Kirche im neuen Deutschland, München 1930, S. 258 ff.; *Josef Godehard Ebers*, Religionsgesellschaften, in: Die Grundrechte und Grundpflichten der Reichsverfassung, Band 2, hg. v. Hans Carl Nipperdey, Berlin 1930, S. 391 ff.

52 So auch *Arthur Lilienthal*, Die Staatsaufsicht über die Religionsgesellschaften nach Artikel 137 der Reichsverfassung, Berlin 1925, S. 13 ff.; *Hans Rieder*, Staat und Kirche nach modernem Verfassungsrecht (Diss.), Berlin 1928, S. 40 f.

sei nicht erst vom Staat in einer konstitutiven Weise gewährt worden; der Verfassungsgeber habe vielmehr mit der Gestaltung des Artikels 137 Absatz 3 WRV nur ein bereits bestehendes Recht anerkannt. Die Weimarer Reichsverfassung konnte daher weder die eigenen Angelegenheiten der Religionsgesellschaften definieren noch die Kompetenz zu einer solchen Bestimmung den Landesgesetzen einräumen.

Schon in der Nationalversammlung betonten die Vertreter dieser Ansicht, dass das Selbstbestimmungsrecht ein eigenes, unveränderliches Recht sei, welches „droben hänge in den ewigen Sternen"[53]. Aus diesem Grund dürfe das Selbstbestimmungsrecht nicht bereits in seinem Umfang begrenzt werden. Für eine sachgerechte Berücksichtigung der staatlichen Interessen sei allein die Schranke des für alle geltenden Gesetzes heranzuziehen. Dieser Grundsatz wurde sehr eindrücklich von *Josef Schmitt* mit den Worten formuliert, „vom Staate stammt nicht die kirchliche Autonomie, wohl aber ihre Beschränkung"[54].

Die Vertreter dieser Ansicht suchten nach einer Lösung, die den Interessen beider Seiten gerecht wurde. Eine solche konnte es nach ihrer Ansicht nur geben, wenn weder allein von staatlicher noch allein aus der Sicht der Religionsgesellschaften entschieden wurde, sondern „materiell"[55] aus objektiven Gründen. Aus diesem Grund wurde die Theorie – vor allem nach dem Ende der Weimarer Republik – oft auch als materiell-objektive Theorie bezeichnet[56].

Um das geforderte objektive Kriterium erfüllen zu können, stellten die Vertreter dieser Ansicht auf die Zweckbestimmung der einzelnen Bereiche ab. Nicht, was der Staat oder die Verfassung als eine solche deklariere, sei eine eigene Angelegenheit, sondern nur, was der „Natur der Sache"[57] nach eine solche sei.

---

53 8. Ausschuss, zitiert nach *Josef Schmitt*, Die Selbstverwaltung der Religionsgesellschaften nach Artikel 137 Absatz 3 der neuen Reichsverfassung, in: Archiv des öffentlichen Rechts N. F. 3 (1922), S. 1 ff. (S. 23).

54 *Josef Schmitt*, Die Selbstverwaltung der Religionsgesellschaften nach Artikel 137 Absatz 3 der neuen Reichsverfassung, in: Archiv des öffentlichen Rechts N. F. 3 (1922), S. 1 ff. (S. 24).

55 Vgl. *Josef Godehard Ebers*, Staat und Kirche im neuen Deutschland, München 1930, S. 258 ff.

56 Vgl. *Jörg Kriewitz*, Die Errichtung theologischer Hochschuleinrichtungen durch den Staat (Diss.), Tübingen 1992, S. 28 f.

57 Vgl. *Josef Godehard Ebers*, Religionsgesellschaften, in: Die Grundrechte und Grundpflichten der Reichsverfassung, Band 2, hg. v. Hans Carl Nipperdey, Berlin 1930, S. 390 ff.

d) Diskussion

So unterschiedlich die vertretenen Meinungen waren, so kamen sie trotz gegensätzlicher Ausgangslage hinsichtlich der Bestimmung einzelner Bereiche doch grundsätzlich zu vergleichbaren Resultaten. *Josef Godehard Ebers* führt z. B. die gleichen Gebiete als eigene Angelegenheit auf, die auch *Gerhard Anschütz* als Vertreter der Gegenmeinung nennt, jedoch mit einigen Erweiterungen[58].

Die Möglichkeit, dass die Religionsgesellschaften ihre Angelegenheiten aus ihrem Verständnis heraus bestimmen oder dass eine staatliche Bestimmung aus diesem Selbstverständnis heraus vorgenommen würde[59], wurde von keiner der mehrheitlich vertretenen Ansichten in Betracht gezogen. Ausschlaggebend dafür mag gewesen sein, dass man vielfach davon ausging, die Ansichten der Religionsgesellschaften könnten nicht als Kriterium herangezogen werden. Auch glaubte man, ein Abstellen auf das Selbstverständnis der jeweiligen Religionsgesellschaft würde keine verlässlichen Ergebnisse liefern, insbesondere da die Religionsgesellschaften untereinander bereits den Umfang unterschiedlich bestimmen würden. Als Beispiel dafür wurde gern die Eheschließung herangezogen, die nach katholischer Vorstellung ein Sakrament darstellt, nach evangelischer Auffassung jedoch nicht. Zudem existierte noch immer die Angst aus den Zeiten des Kulturkampfes, die katholische Kirche könnte auf diesem Weg ihren Herrschaftsanspruch zu weit ausdehnen. Aus diesem Grund wollte man das Selbstverständnis der Religionsgesellschaften nicht zur Bestimmung des Umfanges ihrer Angelegenheiten heranziehen.

3. Die verschiedenen Arten staatlicher und religiöser Angelegenheiten

a) Eigene Angelegenheiten

Unter Berücksichtigung der oben dargestellten Ansichten zur genauen Bestimmung des Umfangs in Konfliktfällen sind Angelegenheiten der Religionsgesellschaften grundsätzlich solche Angelegenheiten, die

---

58 Vgl. *Josef Godehard Ebers*, Staat und Kirche im neuen Deutschland, München 1930, S. 258 ff.; *ders*, Religionsgesellschaften, in: Die Grundrechte und Grundpflichten der Reichsverfassung, Band 2, hg. v. Hans Carl Nipperdey, Berlin 1930, S. 391 ff.

59 Dazu aus heutiger Sicht *Konrad Hesse*, Das Selbstbestimmungsrecht der Kirchen und Religionsgemeinschaften, in: Handbuch des Staatskirchenrechts der Bundesrepublik Deutschland, Erster Band, hg. v. Joseph Listl und Dietrich Pirson, Berlin 1994, S. 535 ff.

primär der religiösen Betätigung im weitesten Sinne dienen. Dabei muss es sich nicht um Angelegenheiten rein geistlicher Natur handeln. Umfasst werden auch alle Handlungen im Vorfeld, die erst die Voraussetzungen zur „Pflege der Religion“[60] schaffen. Dass die Auswirkungen solcher Handlungen durchaus bis in den weltlichen staatsbürgerlichen Bereich reichen können, schließt dem Grundsatz nach die Annahme einer eigenen Angelegenheit nicht aus.

Die unstreitigen Bereiche der eigenen Angelegenheiten betreffen den Kultus und die Lehre ebenso wie Verfassung, Organisation und Vermögensverwaltung der jeweiligen Religionsgesellschaft. Auch die Regelung der Rechte und Pflichten ihrer Mitglieder sind eigene Angelegenheiten der Religionsgesellschaften. Eine Überprüfung dieser Regelungen durch staatliche Gerichte ist in den Bereichen, in denen sie Wirkungen nach außen entfalten, nicht ausgeschlossen[61]. Ebenso stellt die Verleihung religiöser Ämter eine eigene Angelegenheit dar, wie Artikel 137 Absatz 3 Satz 2 ausdrücklich klarstellt. Diese spezielle Nennung der Ämterbesetzung hat historische Gründe und sollte nicht zu einer Sonderbehandlung führen; denn auch dieser Bereich ist Teil des allgemeinen Selbstbestimmungsrechts der Religionsgesellschaften nach Artikel 137 Absatz 3 Satz 1 WRV.

b) Staatliche Angelegenheiten

Die staatlichen Angelegenheiten als Gegenstück zu den eigenen Angelegenheiten der Religionsgesellschaften obliegen allein der staatlichen Regelungsbefugnis. Jegliche Einflussnahme oder Mitwirkung durch die Religionsgesellschaften ist ausgeschlossen. Diese haben sich den staatlichen Vorschriften in den jeweiligen Bereichen zu unterwerfen, unabhängig davon, ob mittelbar ihre Interessen berührt werden[62].

Die mögliche Betroffenheit von Belangen der Religionsgesellschaft innerhalb staatlicher Angelegenheiten lässt sich gut an dem folgenden Beispiel verdeutlichen. Den Status einer Körperschaft des öffentlichen Rechts zu erlangen, ist für die jeweilige Religionsgesellschaft mit weitreichenden Privilegierungen und Verpflichtungen verbunden. Staatliche Regelungen in diesem Bereich können somit die Möglichkeiten der Religionsgesellschaften stark beeinflussen. Diese Tatsache allein macht die

---

60 *Josef Godehard Ebers*, Staat und Kirche im neuen Deutschland, München 1930, S. 258.

61 Siehe dazu in diesem Kapitel und Abschnitt Punkt 1.

62 Vgl. *Arthur Lilienthal*, Die Staatsaufsicht über die Religionsgesellschaften nach Artikel 137 der Reichsverfassung, Berlin 1925, S. 27 f.

Regelung der Voraussetzungen, unter welchen der Status einer Körperschaft des öffentlichen Rechts erlangt werden kann, indessen nicht zu einer eigenen Angelegenheit der Religionsgesellschaften. Es ist vielmehr das Recht des Staates, solche Privilegien zu vergeben und auch dementsprechend die Vergabebedingungen zu regeln.

Weitere staatliche Angelegenheiten mit Berührungspunkten zu den Religionsgesellschaften sind unter anderem die Ausgestaltung des Besteuerungsrechts oder die Regelungen zu Sonn- und Feiertagen im bürgerlichen Leben auch dann, wenn der Hintergrund des jeweiligen Feiertags ein religiöser ist.

c) Gemeinsame Angelegenheiten

Für den Bereich der gemeinsamen Angelegenheiten wurde in der Zeit der Weimarer Republik vielfach noch die Formulierung der gemischten Angelegenheiten[63] verwendet. Dieser Begriff stammte aus dem 19. Jahrhundert, als man im Rahmen des Systems der Staatskirchenhoheit unter gemischten Angelegenheiten solche Bereiche verstanden hatte, die primär eigene Angelegenheiten der Kirchen umfassten, jedoch insofern in einem Grenzbereich lagen, als sie in ihren Auswirkungen geeignet waren, staatliche Interessen zu berühren. Allein die mögliche Beeinträchtigung staatlicher Belange machte eine eigene Angelegenheit zu einer gemischten Angelegenheit im überkommenen Sinne. Diese wurde dann faktisch so behandelt, als handle es sich um eine staatliche Angelegenheit. Dadurch wurde es dem Staat ermöglicht, Regelungen in den betroffenen Bereichen zu erlassen und auf diesem Wege in eigene Angelegenheiten der Kirche einzugreifen[64].

Mit der Neugestaltung des Staatskirchenrechts in der Weimarer Reichsverfassung wandelte sich das Verständnis der gemischten Angelegenheiten so stark, dass in der Literatur[65] vielfach gefordert wurde, die überkommene Formulierung der gemischten Angelegenheiten zuguns-

---

63 So z. B. *Wilhelm Scheuer*, Was bedeutet im Artikel 137 Reichsverfassung: „Jede Religionsgesellschaft ordnet und verwaltet ihre Angelegenheiten selbständig innerhalb der Schranken des für alle geltenden Gesetzes"? (Diss.), Rosenheim 1929, S. 44 f.

64 Vgl. *Paul Hinschius*, Allgemeine Darstellung der Verhältnisse zwischen Staat und Kirche, in: Handbuch des öffentlichen Rechts der Gegenwart, Band 1, hg. v. Heinrich Marquardsen, 1887, S. 230 ff.

65 Vgl. *Josef Godehard Ebers*, Staat und Kirche im neuen Deutschland, München 1930, S. 260.

ten des Begriffs der gemeinsamen Angelegenheiten aufzugeben. So sollte das geänderte Verständnis auch begrifflich verdeutlicht werden.

Im Gegensatz zu den oben dargestellten gemischten Angelegenheiten nach überkommener Ansicht wurden in die gemeinsamen Angelegenheiten jetzt Angelegenheiten der Religionsgesellschaften und staatliche Angelegenheiten einbezogen, die in einem engen gemeinsamen Bereich interagierten. Der betreffende Bereich enthielt Aspekte, die, einzeln betrachtet, den eigenen Angelegenheiten zuzuordnen waren, während andere Aspekte desselben Bereichs, für sich genommen, staatliche Angelegenheiten darstellten[66]. Gemeinsame Angelegenheiten in diesem Sinne wiesen demzufolge eine Doppelbestimmung auf, sodass die Religionsgesellschaften wie auch die staatliche Gewalt grundsätzlich einen Teil der Zuständigkeit hätte beanspruchen können.

In der Frage, wie eine solche doppelte Zuständigkeit innerhalb der gemeinsamen Angelegenheiten zu regeln sei, bestand kein Einvernehmen. So wie einige Vertreter in der zeitgenössischen Literatur noch an den alten Begrifflichkeiten festhielten, wollte eine gewichtige Mindermeinung[67] trotz der geänderten staatskirchenrechtlichen Gegebenheiten weiterhin die gemeinsamen Angelegenheiten allein der staatlichen Regelungsbefugnis unterwerfen. Eine Abweichung von der alten Systematik war für die Vertreter dieser Ansicht nicht denkbar, da sie ansonsten staatliche Interessen durch eine Ausdehnung der religiösen Einflussnahme bedroht sahen. Würde man im Bereich der gemeinsamen Angelegenheiten den Religionsgesellschaften einen Teil der Handlungskompetenz zusprechen, bestünde die Gefahr, dass der Staat im Bereich der gemeinsamen Angelegenheiten auf seine Kompetenzen verzichten oder diese einschränken müsste. Insbesondere dort, wo staatliche Interessen durch Regelungen der Religionsgesellschaften beeinträchtigt werden könnten, müsse der Staat aber die volle Herrschaftsgewalt besitzen unabhängig davon, ob im Einzelfall dadurch Rechte der Religionsgesellschaften eingeschränkt würden[68].

---

66 Vgl. *Paul Schoen*, Das neue Verfassungsrecht der evangelischen Landeskirchen in Preußen, Berlin 1929, S. 28 f.

67 So z. B. *Wilhelm Scheuer*, Was bedeutet im Artikel 137 Reichsverfassung: „Jede Religionsgesellschaft ordnet und verwaltet ihre Angelegenheiten selbständig innerhalb der Schranken des für alle geltenden Gesetzes"? (Diss.), Rosenheim 1929, S. 56 ff.

68 Vgl. *Arthur Lilienthal*, Die Staatsaufsicht über die Religionsgesellschaften nach Artikel 137 der Reichsverfassung, Berlin 1925, S. 27 f.

Dieser im alten System verhafteten Ansicht traten zu Recht ein Großteil der Vertreter in der Literatur[69] wie auch das Reichsgericht[70] entgegen; denn eine Verquickung von staatlichen und religiösen Angelegenheiten in der althergebrachten Form widersprach der Systematik des Artikels 137 Absatz 3 WRV. Durch die einseitige Kategorisierung, welche die Mindermeinung in den Bereichen vornehmen wollte, in denen sich eigene und staatliche Angelegenheiten in der oben dargestellten Form berührten, wären diese Angelegenheiten faktisch zu staatlichen Angelegenheiten geworden. Die betreffenden Aufgaben und Funktionen der Religionsgesellschaften wären zugunsten staatlicher Interessen vom Selbstbestimmungsrecht ausgenommen. Es wäre also bereits bei der Bestimmung dessen, was grundsätzlich durch Artikel 137 Absatz 3 WRV geschützt wurde, zu einer Wertung zwischen den Interessen des Staates und denen der Religionsgesellschaft gekommen. Eine solche Beschränkung des Umfangs des Selbstbestimmungsrechts der Religionsgesellschaften barg die Gefahr einer Aushöhlung des durch Artikel 137 Absatz 3 WRV garantierten Schutzes. Des Weiteren stellte sie eine Umgehung der durch die Norm vorgegebenen Schrankenregelung dar, welche sich nicht mit Artikel 137 Absatz 3 WRV vereinbaren lässt. Die Systematik der verfassungsrechtlichen Regelung sah eine Sicherung staatlicher Rechte sowie Rechte Dritter nicht durch eine Beschränkung ihres Umfangs vor; sondern sie stellte als Instrument zum Ausgleich der Interessen die Schranke der allgemeinen Gesetze und die damit verbundene Abwägung zur Verfügung[71].

Die herrschende Meinung[72] versuchte einer solchen Beschränkung des Ausmaßes der eigenen Angelegenheiten dadurch entgegenzuwirken, dass sie den betroffenen Bereich nicht als Ganzes betrachtete. Die gemeinsame Angelegenheit wurde im Detail betrachtet und in ihre einzelnen Teilaspekte aufgeschlüsselt. So sollte die gemeinsame Verantwortlichkeit auch in den Bereichen mit einer Überschneidung der Angelegenheiten in die einzelnen Zuständigkeiten aufspaltet werden.

---

69 Vgl. *Josef Godehard Ebers*, Staat und Kirche im neuen Deutschland, München 1930, S. 260, mit weiteren Nachweisen.

70 Vgl. RGZ 26, 282 (283).

71 Zu der Schranke der allgemeinen Gesetze siehe unten Kapitel D „Die Schranke des ‚für alle geltenden Gesetzes'".

72 Vgl. *Wilhelm Scheuer*, Was bedeutet im Artikel 137 Reichsverfassung: „Jede Religionsgesellschaft ordnet und verwaltet ihre Angelegenheiten selbständig innerhalb der Schranken des für alle geltenden Gesetzes"? (Diss.), Rosenheim 1929, S. 49; *Josef Schmitt*, Kirchliche Selbstverwaltung im Rahmen der Reichsverfassung, Paderborn 1926, S. 79.

Die Teilaspekte staatlicher Natur wären so weiterhin als staatliche Angelegenheiten und solche mit religiöser Bestimmung als eigene Angelegenheit der Religionsgesellschaft zu behandeln. Die gemeinsamen Angelegenheiten wurden also nicht als eine weitere Kategorie von Angelegenheiten angesehen, wodurch eine neue Systematik entstanden wäre; vielmehr sollte es auch hier bei der grundsätzlichen Einteilung in eigene und staatliche Angelegenheiten bleiben. Eine gemeinsame Angelegenheit zeichnete sich allein dadurch aus, dass die staatlichen und religionsgesellschaftlichen Bereiche besonders eng miteinander agierten.

Die gegensätzliche Behandlung der gemeinsamen Angelegenheiten wird im Detail deutlich an dem Beispiel der Anstaltsseelsorge. Hier treffen die öffentliche Aufgabe der Unterhaltung und Leitung staatlicher Anstalten und die ureigenste Angelegenheit der Religionsgesellschaften, wie die Seelsorge und das Abhalten von Gottesdiensten als Form der kollektiven Seelsorge, aufeinander. Erschwerend kommt hinzu, dass die staatlichen und die religiösen Interessen innerhalb eines eng begrenzten Bereiches aufeinandertreffen, in dem der Einzelne aufgrund seiner Anstaltszugehörigkeit besonderen staatlichen Regelungen und Zwängen unterworfen ist. Dieser exemplarische Bereich einer gemeinsamen Angelegenheit wird explizit in Artikel 141 der Weimarer Reichsverfassung[73] geregelt. Von der Norm umfasst wurden die Seelsorge[74] und der Gottesdienst in jeder Form von staatlich geregelten Anstalten. Als Anstalt galt, unabhängig von dem Begriff der Anstalt im verwaltungstechnischen Sinne, jegliche Institution, welche die Lebensweise und die Ausübung der individuellen Freiheit aufgrund einer besonderen Stellung des Einzelnen zur staatlichen Ordnung in einem gewissen Umfang einschränkte.

Das Grundrecht der Religionsfreiheit gemäß Artikel 135 WRV stand im Rahmen der Weimarer Reichsverfassung noch unter einem

---

73 „Soweit das Bedürfnis nach Gottesdienst und Seelsorge im Heer, in Krankenhäusern, Strafanstalten oder sonstigen öffentlichen Anstalten besteht, sind die Religionsgesellschaften zur Vornahme religiöser Handlungen zuzulassen, wobei jeder Zwang fernzuhalten ist"; abgedruckt in: *Horst Hildebrandt (Hrsg.)*, Die deutschen Verfassungen des 19. und 20. Jahrhunderts, 14. Auflage, Paderborn, München, Wien, Zürich 1992, S. 103.

74 Vgl. *Gerhard Anschütz*, Die Verfassung des Deutschen Reichs vom 11. August 1919, unveränderter fotomechanischer Nachdruck der 14. Auflage 1933, Bad Homburg v. d. H., Berlin, Zürich 1968, S. 657, der hier eine Einschränkung macht.

ausdrücklichen allgemeinen Gesetzesvorbehalt[75], sodass es eines besonderen und aktiven Schutzes dieses Rechts in den Fällen bedurfte, in denen der Einzelne in einem besonderen Verhältnis zum Staat stand. Artikel 141 WRV trägt der Tatsache Rechnung, dass dem Einzelnen innerhalb staatlicher Anstalten, wie z. B. in einem Gefängnis, nicht die Freiheiten und Möglichkeiten gegeben sind, sich jederzeit an seine Heimatgemeinde oder an einen frei gewählten Seelsorger zu wenden. Daher müssen in diesen Bereichen besondere Voraussetzungen geschaffen werden, um dem Betroffenen den Zugang zu seiner jeweiligen Religionsgesellschaft zu ermöglichen. Der Staat war aus diesem Grunde verpflichtet, sicherzustellen, dass das Grundrecht auf Religionsfreiheit auch in den öffentlichen Anstalten ausgeübt werden konnte. Korrespondierend dazu garantierte Artikel 141 WRV als institutionelle Garantie den Religionsgesellschaften die Zulassung zu den öffentlichen Anstalten, damit diese im Rahmen ihres religiösen Auftrages die Voraussetzungen für die Ausübung der Religionsfreiheit ihrer Mitglieder schaffen konnten. Ob ein Bedürfnis nach Gottesdienst und Seelsorge im Sinne des Artikels 141 WRV bestand, entschied sich nicht aufgrund der Interessen der Religionsgesellschaften, sondern aufgrund der Bedürfnisse des Einzelnen innerhalb der Anstalt. Insoweit wird der Zusammenhang des Artikels 141 WRV mit der Religionsfreiheit des Einzelnen deutlich. Diese Bedürfnisprüfung hatte darüber hinaus die Funktion, eine Gleichstellung zwischen den bisher in der Anstaltsseelsorge faktisch benachteiligten kleineren Religionsgesellschaften gegenüber den großen Kirchen zu gewährleisten[76]. Bestand ein solches Bedürfnis, war für den Fall, dass eine Religionsgesellschaft ihre Rechte in einer staatlichen Anstalt wahrnehmen wollte, der Staat verpflichtet, ihr die Möglichkeiten dazu zu eröffnen. Die Initiative dazu hatte von der Religionsgesellschaft auszugehen; der Staat musste nicht von sich aus eine Anstaltsseelsorge bereitstellen.

Neben dieser grundsätzlichen Regelung war man sich in der Weimarer Republik sowohl in der Nationalversammlung[77] als auch weitge-

---

75 Artikel 135 WRV: „Alle Bewohner des Reiches genießen volle Glaubens- und Gewissensfreiheit. Die ungestörte Religionsausübung wird durch die Verfassung gewährleistet und steht unter staatlichem Schutze. Die allgemeinen Staatsgesetze bleiben hiervon unberührt"; abgedruckt in: *Horst Hildebrandt (Hrsg.)*, Die deutschen Verfassungen des 19. und 20. Jahrhunderts, 14. Auflage, Paderborn, München, Wien, Zürich 1992, S. 101.

76 Vgl. *Paul Schoen*, Das neue Verfassungsrecht der evangelischen Landeskirchen in Preußen, Berlin 1929, S. 29 Anmerkung 29.

77 Vgl. *Josef Mausbach*, Kulturfragen in der Deutschen Verfassung. Eine Erklärung wichtiger Verfassungsartikel, Mönchengladbach 1920, S. 80.

hend in der Literatur[78] einig, dass eine staatliche Anstaltsseelsorge, wie sie in weiten Bereichen bisher bestanden hatte – insbesondere in Form von staatlich angestellten Militärseelsorgern – weiterhin möglich sein sollte. Hierbei handelte es sich auch in der Weimarer Republik nicht etwa um die Erfüllung eines staatlichen Zwecks. Als solche war die Anstaltsseelsorge z. B. im Zeitalter des Absolutismus angesehen worden, als man davon ausging, der Staat müsse für die religiöse Bildung seiner Bürger sorgen. Die staatliche Anstaltsseelsorge in Form des konfessionsgebundenen Staatsamtes war vielmehr eine historisch gewachsene Institution, die nicht durch die neue Verfassung abgeschafft werden sollte.

Die Frage, wie auftretende Konfliktfälle im Rahmen dieser staatlichen Anstaltsseelsorge zu behandeln waren, wurde von den beiden bereits dargestellten Ansichten ganz unterschiedlich beantwortet. Probleme konnten insbesondere durch den doppelten Status des staatlich angestellten oder verbeamteten Geistlichen entstehen. Der einzelne Geistliche war einerseits durch sein Dienstverhältnis und den sich daraus ergebenden Status dem Staat unterworfen. Andererseits benötigte er zur Ausübung seiner Tätigkeit die Befugnisse des Seelsorgers, die ihm durch seine Religionsgesellschaft verliehen wurden. Bei auftretenden Problemen stellte sich die Frage nach den Konsequenzen, wenn die Religionsgesellschaft ihrem Seelsorger die Befugnis zur Seelsorge entzog oder – im anderen Fall – der Staat das Dienstverhältnis oder den Status seines Beamten veränderte oder aufhob.

Zur Klärung derartiger Konfliktfälle setzten die Vertreter der Mindermeinung bei der Ausgestaltung des Amtsverhältnisses des jeweiligen Geistlichen an. War dieser durch den Staat berufen worden, war damit die gesamte Anstaltsseelsorge durch den Staat zu regeln[79]. Der Staat sei in seinen Maßnahmen frei und nicht verpflichtet, auf die Religionsgesellschaften Rücksicht zu nehmen. Ein Entzug der Befugnis zur Seelsorge

---

[78] Vgl. z. B. *Paul Schoen*, Der Staat und die Religionsgesellschaften in der Gegenwart, in: Verwaltungsarchiv Band 29 (1924), S. 1 ff. (S. 12 f.); *Gerhard Anschütz*, Die Verfassung des Deutschen Reichs vom 11. August 1919, unveränderter fotomechanischer Nachdruck der 14. Auflage 1933, Bad Homburg v. d. H., Berlin, Zürich 1968, Anmerkung 2, S. 657; *Karl Pernutz*, Das Verhältnis von Staat und Kirche nach der Weimarer Verfassung (Diss.), Jena 1928, S. 53; *Josef Godehard Ebers*, Religionsgesellschaften, in: Die Grundrechte und Grundpflichten der Reichsverfassung, Band 2, hg. v. Hans Carl Nipperdey, Berlin 1930, S. 396.

[79] Vgl. z. B. *Wilhelm Scheuer*, Was bedeutet im Artikel 137 Reichsverfassung: „Jede Religionsgesellschaft ordnet und verwaltet ihre Angelegenheiten selbständig innerhalb der Schranken des für alle geltenden Gesetzes"? (Diss.), Rosenheim 1929, S. 49 f.

habe keinen Einfluss auf die Stellung des Geistlichen und seine Tätigkeit in der staatlichen Anstalt. Eine Abberufung durch den Staat dagegen nehme dem Geistlichen jegliche Handlungsfähigkeit, und diese gelte auch für seine durch die Religionsgesellschaft verliehene Befugnis zur Seelsorge[80].

Die herrschende Meinung sah in der Anstaltsseelsorge in jedem Fall einen Bereich der gemeinsamen Angelegenheiten, unabhängig davon, ob sie als staatliche Anstaltsseelsorge organisiert war oder ob die Ausgestaltung durch die Religionsgesellschaften vorgenommen wurde. Nach ihrem Verständnis waren in beiden Fällen die Zuständigkeiten und Kompetenzen hinsichtlich der einzelnen Aufgaben in staatliche oder eigene Angelegenheiten aufzuteilen. Die Anstaltsseelsorge wurde nicht als ein untrennbarer Bereich begriffen. Unabhängig davon, ob es sich bei dem Seelsorger um einen Staatsbeamten handelte, blieben der Gottesdienst und die mit der Seelsorge verbundenen Handlungen Angelegenheiten der jeweiligen Religionsgesellschaft, während Leitung, Organisation und Ordnungsgewalt der Anstalt staatliche Aufgaben waren. Ebenso blieben im Rahmen der staatlichen Anstaltsseelsorge die Stellung und der Status des Beamten staatliche Angelegenheiten, welche durch einen eventuellen Entzug der Berechtigung zur Seelsorge durch die Religionsgesellschaft nicht berührt werden konnten[81]. Der Geistliche blieb in einem solchen Fall Beamter im statusrechtlichen Sinne; jedoch konnte er die Funktion eines Seelsorgers nicht mehr wahrnehmen. Insoweit wirkte der Entzug der Berechtigung durch die Religionsgesellschaft auch nach außen. Im entgegengesetzten Fall, dass der Geistliche seinen Status als Beamter verlor, konnte er, davon unabhängig, weiterhin seelsorgerisch tätig sein, jedoch ohne seinen beamtenrechtlichen Status und seine sich daraus ergebenden Bezüge.

Um derartige ungewollte Auswirkungen des Auseinanderfallens von staatlichen und religiösen Befugnissen innerhalb der staatlichen Anstaltsseelsorge zu verhindern, griff man vermehrt auf eine vorweggenommene Konfliktlösung in Form der vertraglichen Einigung im Rahmen von Konkordaten und Kirchenverträgen zurück. Im Gegensatz zu der einseitigen staatlichen Beschränkung, die die Mindermeinung im

---

80 Vgl. mit weiteren Argumenten *Arthur Lilienthal*, Die Staatsaufsicht über die Religionsgesellschaften nach Artikel 137 der Reichsverfassung, Berlin 1925, S. 28 f.; *Arthur Lilienthal* geht dabei sogar so weit, dass er die Möglichkeit einer Anstaltsseelsorge gänzlich ohne ein Mitwirken der Religionsgesellschaften in Betracht zieht.

81 Vgl. *Karl Pernutz*, Das Verhältnis von Staat und Kirche nach der Weimarer Verfassung (Diss.), Jena 1928, S. 53.

Bereich der gemeinsamen Angelegenheiten vornehmen wollte, wurde so der Umfang der eigenen Angelegenheiten nicht begrenzt. Vielmehr war ein wichtiger Aspekt des Selbstbestimmungsrechts, dass es den Religionsgesellschaften freigestellt war, von sich aus die ihnen garantierten Rechte durch vertraglich eingegangene freiwillige Verpflichtungen einzuschränken. Auf diese Weise wurden im Rahmen solcher Verträge insbesondere eine Kooperationsverpflichtung und ein Anerkenntnis der Entscheidung der jeweils anderen Vertragspartei vereinbart[82].

4. Das selbstständige Handeln der Religionsgesellschaften

Die Religionsgesellschaften können die Rechte, die vom Inhalt des Selbstbestimmungsrechts umfasst werden, nur insoweit effektiv nutzen, wie ihnen auch die Freiheit des selbstständigen Handelns zugestanden wird. Der Verfassungsgeber hat dies mit der Aufnahme der Formulierung „selbstständig" in Artikel 137 Absatz 3 WRV betont[83].

Um die Unabhängigkeit der Religionsgesellschaften zu gewährleisten, bedarf es einer Sicherung der Selbstständigkeit auf zwei verschiedenen Ebenen. Wichtig ist zum einen, dass die Willensbetätigung der Religionsgesellschaften von „jeder formellen oder materiellen Bestimmung oder Beeinflussung seitens des Staates"[84] frei ist. So war z. B. die Selbstständigkeit der evangelischen Kirche verletzt, als die Übergangsregierung in Preußen eigenmächtig *Dr. Ludwig Wessel* als Regierungsvertreter mit einer weitreichenden Entscheidungsbefugnis über den EOK einsetzte

---

82 So z. B. in Artikel 11 Absatz 1 des bayerischen Konkordats vom 29. März 1924 sowie in Artikel 17 Absatz 1 des Vertrages zwischen dem Bayerischen Staat und der Evangelisch-Lutherischen Kirche in Bayern vom 15. November 1925, in welchen sich die bayerische Regierung verpflichtet, dass die Anstellung von Geistlichen im Rahmen der amtlichen Militär- und Anstaltsseelsorge nur im Einvernehmen mit den jeweiligen kirchlichen Behörden erfolgen soll.

83 Vgl. dazu die Diskussion in der Nationalversammlung, so z. B. der Abgeordnete *Friedrich Naumann*, von dem in diesem Zusammenhang die folgende Aussage stammt: „[...] die Freiheit der Kirchenverwaltung bringen, so daß der Staat nichts mehr in diese Dinge herein zu reden hat", zitiert nach Plenum 1644 DC. Des Weiteren der Abgeordnete *Josef Mausbach*, welcher betonte, dass die eigenen Angelegenheiten der Religionsgesellschaften „mit eigenen Kräften und nach eigenen Entschlüssen" verwaltet werden sollten (Plenum 1652 C), hier zitiert nach *Arthur Lilienthal*, Die Staatsaufsicht über die Religionsgesellschaften nach Artikel 137 der Reichsverfassung, Berlin 1925, S. 26.

84 *Josef Godehard Ebers*, Staat und Kirche im neuen Deutschland, München 1930, S. 254.

und sich damit über die kirchlichen Strukturen und Entscheidungswege hinwegsetzte[85]. Selbstständigkeit besagt insbesondere, dass der Staat nicht für die Religionsgesellschaft handeln darf.

Es ist jedoch nicht ausreichend, allein die Willensbestätigung zu schützen. Eine Beschränkung des Selbstbestimmungsrechts kann sich bereits vor dem eigentlichen Handeln ergeben. Um eine vollständige Selbstständigkeit zu gewährleisten, ist es erforderlich, dass den Religionsgesellschaften auch innerhalb ihres Entscheidungsfindungsprozesses eine freie Entschlusskraft zugestanden wird. Das heißt, dass Entschlussfassung, Motive und Ausführungen in keinem Entwicklungsstadium vom Staat beeinflusst oder reglementiert werden dürfen. Dass staatliche Stellen am Entscheidungsfindungsprozess einer Religionsgesellschaft z. B. durch Empfehlungen teilhaben, begründet an sich noch keine Einschränkung des Selbstbestimmungsrechts. Ein solche würde dann vorliegen, wenn die betreffende Religionsgesellschaft verpflichtet wäre, sich an die staatlichen Empfehlungen zu halten.

Zusammenfassend lässt sich sagen, dass eine Einschränkung der Selbstständigkeit unter anderem dann vorliegt, wenn die Gültigkeit einer auf freien Motiven der Religionsgesellschaft basierenden Entscheidung von einer staatlichen Genehmigung abhängig gemacht wird. Sie läge aber auch bereits dann vor, wenn die Entscheidung inhaltlich vom Staat in dem Sinne beeinflusst worden wäre, dass sie gerade nicht mehr auf freien Motiven der Religionsgesellschaft basiert.

Um diese zum Zeitpunkt der Verfassungsentstehung noch neue Entwicklung zu verdeutlichen und um die Garantie des Artikels 137 Absatz 3 WRV von den in vorhergehenden Verfassungen gewährleisteten Freiheiten abzugrenzen, differenzierte *Josef Godehard Ebers*[86] zwischen dem Selbstverwaltungsrecht, welches besonders die Verfassung der Frankfurter Nationalversammlung von 1848 garantieren wollte, und dem Selbstbestimmungsrecht nach der Weimarer Reichsverfassung. Unter dem Begriff des Selbstbestimmungsrechts verstand er ein Selbstverwaltungsrecht im weiteren Sinne, welches die neue Verfassung den Religionsgesellschaften mit dem oben beschriebenen Inhalt gewährte.

---

85 Zu den Hintergründen siehe oben Kapitel B „Zur Entstehungsgeschichte des Artikels 137 Absatz 3 WRV“ Abschnitt II Punkt 1. Eine ebensolche Verletzung stellte die Einsetzung der drei *Minister Evangelis* dar (ebd.).

86 Vgl. *Josef Godehard Ebers*, Staat und Kirche im neuen Deutschland, München 1930, S. 387 f.

Viele Autoren[87] schlossen sich der begrifflichen Differenzierung an und verwendeten für die Garantie des Artikels 137 Absatz 3 WRV ebenfalls den Begriff des Selbstbestimmungsrechts[88]. Andere[89] blieben der historisch gewachsenen Formulierung des Selbstverwaltungsrechts treu, ohne inhaltlich jedoch von dem Dargestellten abzuweichen.

Die Selbstständigkeit und Freiheit der Religionsgesellschaften wurde auch unter den Vertretern eines eher eingeschränkten Selbstbestimmungsrechts[90] dem Grundsatz nach allgemein anerkannt. Konsens bestand ebenfalls darüber, dass eine Beschränkung dieser Selbstständigkeit nur durch solche Hoheitsakte erfolgen konnte, die aufgrund einer im Vornherein objektiv begrenzenden Regelung erlassen wurden.

In welcher Form diese zur Lösung von Konflikten notwendige Beschränkung des Selbstbestimmungsrechts vorgenommen werden sollte, war dagegen äußerst umstritten. Nach unserem heutigen Verständnis ist eine Beschränkung nur im Rahmen einer verfassungsrechtlich geregelten Schrankensystematik möglich. Das staatskirchenrechtliche System der Weimarer Reichsverfassung schließt sich jedoch an eine lange verfassungsgeschichtliche Entwicklung an, in welcher es größtenteils eine besondere Staatsaufsicht über die Kirchen gegeben hat. Vor diesem Hintergrund wird es verständlich, dass nicht nur die genaue Ausgestaltung der Schrankenregelungen umstritten war, sondern auch viele zeitgenössische Staatskirchenrechtler an einer Form der Staatsaufsicht festhalten wollten.

Da die Ausgestaltung der Schrankenregelung sowie die Frage nach dem Fortbestehen einer Staatsaufsicht über die Kirchen oder über alle

---

87 So insbesondere auch *Gerhard Anschütz,* Die Verfassung des Deutschen Reichs vom 11. August 1919, unveränderter fotomechanischer Nachdruck der 14. Auflage 1933, Bad Homburg v. d. H., Berlin, Zürich 1968, S. 636 f.

88 Der Begriff hat sich nach Ende der Weimarer Republik endgültig durchgesetzt und wird auch in dieser Arbeit verwendet.

89 Vgl. *Josef Schmitt,* Die Selbstverwaltung der Religionsgesellschaften nach Artikel 137 Absatz 3 der neuen Reichsverfassung, in: Archiv des öffentlichen Rechts N. F. 3 (1922), S. 1 ff.; *Wilhelm Scheuer,* Was bedeutet im Artikel 137 Reichsverfassung: „Jede Religionsgesellschaft ordnet und verwaltet ihre Angelegenheiten selbständig innerhalb der Schranken des für alle geltenden Gesetzes"? (Diss.), Rosenheim 1929, S. 21 ff.

90 Vgl. *Wilhelm Scheuer,* Was bedeutet im Artikel 137 Reichsverfassung: „Jede Religionsgesellschaft ordnet und verwaltet ihre Angelegenheiten selbständig innerhalb der Schranken des für alle geltenden Gesetzes"? (Diss.), Rosenheim 1929, S. 25 f .

Religionsgesellschaften die Hauptdiskussionspunkte im staatskirchenrechtlichen System der Weimarer Republik darstellen, sind ihnen nachfolgend eigene Kapitel zugeordnet[91].

[91] Siehe zu der Schrankenregelung unten Kapitel D „Die Schranke des ‚für alle geltenden Gesetzes'" und zur Frage der Staatsaufsicht unten Kapitel E „Einschränkungen durch die Staatsaufsicht".

D. Die Schranke des „für alle geltenden Gesetzes"

Der im vorherigen Kapitel untersuchte Inhalt des Selbstbestimmungsrechts stellt das Grundgerüst des gewährleisteten Rechts dar. Wie auch in der heutigen Zeit konnte dieses Recht nicht schrankenlos gewährleistet werden, um ein möglichst konfliktfreies Miteinander zu sichern.

Schon bei dem Versuch einer Skizzierung des Inhalts des Selbstbestimmungsrechts der Religionsgesellschaften im Rahmen der Weimarer Reichsverfassung wurde deutlich, wie umstritten die Materie in ihrer Entstehungsepoche war. Dies setzt sich auch im Rahmen der Diskussion über eine mögliche Ausgestaltung der Schrankenregelung gemäß Artikel 137 Absatz 3 Satz 1 WRV fort.

I. Die Entstehungsgeschichte der Schrankenregelung

Der endgültige Verfassungstext spricht davon, dass das Selbstbestimmungsrecht der Religionsgesellschaften nur durch ein „für alle geltendes Gesetz"[1] eingeschränkt werden kann. Die Formulierung der Schrankenregelung eines zukünftig zu gewährleistenden Selbstbestimmungsrechts erfuhr bis zu ihrer endgültigen Festsetzung in der bekannten Form während der Verfassungsentstehung und durch die Diskussionen in der Nationalversammlung einige Änderungen.

Bevor man sich zur Diskussion über die zukünftige Verfassung in der Nationalversammlung zusammenfand, legte der damalige Staatssekretär im Reichsministerium des Inneren und spätere Reichsinnenminister *Hugo Preuß* in einem zunächst geheim gehaltenen[2] „Vorentwurf zur Verfassung des Deutschen Reiches vom 3. Januar 1919"[3] sowie in einem veröffentlichten „Entwurf einer Verfassung des Deutschen Reiches vom 20. Januar 1919"[4] erste Grundstrukturen einer möglichen Verfassung dar. Hinsichtlich der Formulierung des Selbstbestimmungsrechts der Religi-

---

1 Artikel 137 Absatz 3 Satz 1, abgedruckt in: *Horst Hildebrandt (Hrsg.)*, Die deutschen Verfassungen des 19. und 20. Jahrhunderts, 14. Auflage, Paderborn, München, Wien, Zürich 1992, S. 102.

2 Dazu genauer *Ludwig Richter*, Kirche und Schule in den Beratungen der Weimarer Nationalversammlung (Schriften des Bundesarchivs, Band 47), Düsseldorf 1996, S. 145 ff.

3 Abgedruckt in: *Heinrich Triepel (Hrsg.)*, Quellensammlung zum deutschen Reichsstaatsrecht, 5. Auflage, Tübingen 1931, S. 7 ff.

4 Abgedruckt in: *Heinrich Triepel (Hrsg.)*, Quellensammlung zum deutschen Reichsstaatsrecht, 5. Auflage, Tübingen 1931, S. 10 ff.

onsgesellschaften wurde in beiden Dokumenten der Wortlaut des § 147 der Paulskirchenverfassung wortgleich übernommen. Die Schrankenregelung, wie der von *Hugo Preuß* entwickelte Vorentwurf sie vorsah, hätte demnach wie folgt gelautet: „[…] ist aber den allgemeinen Staatsgesetzen unterworfen". Diese Formulierung findet sich auch in einem späteren Antrag von *Wilhelm Kahl* im Rahmen der Nationalversammlung, welcher ebenfalls die Formulierung der Frankfurter Paulskirche übernahm[5]. In einem späteren Entwurf[6], der der Nationalversammlung vom Reichsinnenministerium am 21. Februar 1919 vorgelegt wurde, war dagegen ein Selbstbestimmungsrecht der Religionsgesellschaften gar nicht vorgesehen.

Vor dem Hintergrund dieser ersten unterschiedlichen Ausgestaltungen wird deutlich, dass sich die Abgeordneten in der Nationalversammlung die Frage stellten, ob eine Schrankenregelung überhaupt erforderlich sei. Im Rahmen der Diskussion über die Auslegung des Artikels 15 der Preußischen Verfassung vom 31. Januar 1850[7] war die Argumentation hervorgebracht worden, die Religionsgesellschaften seien selbstverständlich den Staatsgesetzen unterworfen, und diese Tatsache müsse daher nicht explizit im Verfassungstext genannt werden. Aufgrund der im Kaiserreich gemachten Erfahrungen kam man jedoch allgemein zu dem Ergebnis, dass eine konkret formulierte Schrankenregelung erforderlich sei. Man sah eine Gefahr insbesondere darin, dass der Staat ebenso wie die großen Kirchen eigene Zuständigkeiten und Befugnisse über das verfassungsrechtlich Vorgesehene hinaus ausweiten könnten, wenn es keine verfassungsrechtliche Beschränkung gäbe[8].

Durch die Gewährleistung eines Selbstbestimmungsrechts mit einer entsprechenden Schrankenregelung sollten die widerstreitenden Interessen des Staates und der Religionsgesellschaften in einen Ausgleich gebracht und gegenseitig begrenzt werden. Die Überlegungen, die der Zielsetzungen einer solchen Schrankenregelung zugrunde lagen, waren stark von den Ereignissen während des Kulturkampfes und von den verschiedenen Änderungen der Preußischen Verfassungsurkunde beein-

---

5 Zu Paulskirchenverfassung siehe auch Kapitel B „Zur Entstehungsgeschichte des Artikels 137 Absatz 3 WRV" Abschnitt I Punkt 1.

6 Abgedruckt in: *Heinrich Triepel (Hrsg.)*, Quellensammlung zum deutschen Reichsstaatsrecht, 5. Auflage, Tübingen 1931, S. 28 ff.

7 Siehe dazu auch die Ausführungen in Kapitel B „Zur Entstehungsgeschichte des Artikels 137 Absatz 3 WRV" Abschnitt I Punkt 2 a).

8 Vgl. *Arthur Lilienthal*, Die Staatsaufsicht über die Religionsgesellschaften nach Artikel 137 der Reichsverfassung, Berlin 1925, S. 16 f.

flusst. Dieses galt für einen Großteil der Mitglieder der Nationalversammlung – unabhängig von der jeweiligen staatskirchenrechtlichen Grundhaltung der einzelnen Abgeordneten.

Die Vertreter kirchlicher Interessen sowie deren politische Kontrahenten verfolgten mit der Formulierung einer Schrankenregelung für das Selbstbestimmungsrecht der Religionsgesellschaften unterschiedliche Ziele. Viele Zeitgenossen auch unter den Abgeordneten der Nationalversammlung standen insbesondere der katholischen Kirche kritisch gegenüber und fürchteten, dass diese in gewissen Bereichen eine über ihre religiöse Position hinausgehende Macht beanspruchen würde und damit die staatliche Gewalt in Frage stellen könnte. Die zum Teil unklar und nicht explizit formulierte Schrankenregelung in den verschiedenen Fassungen der Preußischen Verfassung war nach ihrer Meinung der Grund eines zu großen Machtstrebens der katholischen Kirche, das wiederum ein Hauptauslöser des Kulturkampfs gewesen sei[9]. Zur Vermeidung einer ähnlichen Entwicklung sollte die Schrankenregelung sicherstellen, dass der Staat gegenüber den Religionsgesellschaften die allgemeinen sowie die staatlichen Interessen wahren und durchsetzen konnte.

Zielsetzung der Abgeordneten des Zentrums und anderer Vertreter kirchlicher Interessen war es, darauf hinzuwirken, dass eine zukünftige Schrankenregelung möglichst eng gefasst und dass so die Religionsgesellschaften vor zu großen staatlichen Einflussnahmen geschützt wurden. Als Mindestforderung sollten religiöse Ausnahme- oder Verbotsgesetze unzulässig sein. Kirchenfeindliche Gesetze, wie es im Rahmen der Gesetzgebung zu Zeiten des Kulturkampfes gegeben hatte, sollten in jedem Fall ausgeschlossen sein.

Nach einem ersten Formulierungsvorschlag des Abgeordneten *Johannes Meerfeld* sollte das Selbstbestimmungsrecht „innerhalb der Schranken des Gesetzes“[10] eingeschränkt werden können. Auf Initiative

---

9 Vgl. *Wilhelm Scheuer*, Was bedeutet im Artikel 137 Reichsverfassung: „Jede Religionsgesellschaft ordnet und verwaltet ihre Angelegenheiten selbständig innerhalb der Schranken des für alle geltenden Gesetzes“? (Diss.), Rosenheim 1929, S. 29.

10 Zitiert nach *Josef Godehard Ebers*, Staat und Kirche im neuen Deutschland, München 1930, S. 290.

des Zentrumsabgeordneten *Adolf Gröber* wurde diesem Vorschlag der Zusatz „für alle geltenden" hinzugefügt[11].

Das der katholischen Kirche nahestehende Zentrum sah sich als einziger Vertreter religionsgesellschaftlicher Interessen innerhalb der Nationalversammlung von Weimar. Zunächst hatten Vertreter der Partei versucht, eine Formulierung des Selbstbestimmungsrechts ohne eine Schrankenregelung in die Nationalversammlung einzubringen. Im weiteren Verlauf der Verfassungsentstehung wich man von dieser Strategie ab und versuchte stattdessen, eine möglichst kirchenfreundliche Formulierung der Schrankenregelung herbeizuführen. Wäre der Vorschlag des Abgeordneten *Johannes Meerfeld* unverändert in den Verfassungstext aufgenommen worden, so wäre der Verfassungstext hinter den Gewährleistungen der Paulskirchenverfassung zurückgeblieben. Wie oben gezeigt[12], war auch den kirchennahen Mitgliedern der Nationalversammlung die Epoche des Kulturkampfes noch gegenwärtig; so hofften sie, mit dem erwähnten Zusatz religions- und kirchenfeindliche Gesetze unmöglich zu machen. Die Erfahrungen aus der Zeit des Kulturkampfes waren es auch gewesen, die die Nationalversammlung davon abhielten, die Formulierung des § 147 Paulskirchenverfassung wortgleich zu übernehmen. Die Schranke der „allgemeinen Gesetze" hatte staatliche Willkür ausschließen sollen, indem sie nur Parlamentsgesetze als verfassungsgemäße Schranke zuließ. Durch den Kulturkampf war jedoch deutlich geworden, dass diese Bedingung allein nicht ausreichte, religions- oder kirchenfeindliche Ausnahmegesetze auszuschließen und zu verhindern[13].

Die Formulierung „innerhalb der Schranken des für alle geltenden Gesetzes" ist erstmalig in Artikel 39 b des Entwurfs zur 1. Lesung im Verfassungsausschuss enthalten. Sie blieb von da an unwidersprochen und wurde als späterer Artikel 137 Absatz 3 Satz 1 in den endgültigen Verfassungstext übernommen. Der Abgeordnete *Friedrich Naumann* fasste die in der historischen Geisteshaltung der Nationalversammlung begründete Entstehung der Schrankenregelung mit folgendem Satz zu-

---

11 Vgl. *Josef Mausbach*, Kulturfragen in der Deutschen Verfassung. Eine Erklärung wichtiger Verfassungsartikel, Mönchengladbach 1920, S. 64 mit weiteren Nachweisen.

12 Siehe dazu in diesem Kapitel und Abschnitt die Ausführungen auf den vorhergehenden Seiten sowie in Kapitel B, „Zur Entstehungsgeschichte des Artikels 137 Absatz 3 WRV" Abschnitt II Punkt 2 b).

13 Zu den verfassungsrechtlichen Entwicklungen während des Kulturkampfes siehe oben Kapitel B, „Zur Entstehungsgeschichte des Artikels 137 Absatz 3 WRV" Abschnitt I Punkt 2.

sammen: „[D]ie Einführung der Worte des für alle geltenden Gesetzes [soll] für die Enkel eine Bewahrung vor dem Kulturkampf sein“[14].

II. Die Auslegung des Wortes „alle“

Im Rahmen der Diskussion um die Auslegung der Schrankenregelung des für alle geltenden Gesetzes gab es unter den Staatskirchenrechtlern der Weimarer Republik zwei Hauptdiskussionspunkte. Dies war zum einen die Frage, ab wann ein Gesetz als Sondergesetz zu klassifizieren sei. Ein weiterer Diskussionspunkt stellte sich schon im Rahmen der Auslegung des Wortlauts von Artikel 137 Absatz 3 Satz 1 WRV. Erörtert wurde die Frage, ab wann ein Gesetz als für alle geltend betrachtet werden konnte. Umstritten war dabei die Auslegung des Begriffs „alle“, genauer: ob die Formulierung adjektivisch oder substantivisch zu verstehen sei.

1. Adjektivisch

Zu Beginn der Weimarer Republik wurde vereinzelt[15] die Schrankenregelung des Artikels 137 Absatz 3 Satz 1 WRV rein nach ihrem grammatikalischen Wortlaut ausgelegt. Da „alle“ kleingeschrieben war, gingen die Vertreter dieser Ansicht davon aus, dass es sich hier um ein Adjektiv handeln müsse. Inhaltlich wäre zu dem Wort „alle“ der Begriff Religionsgesellschaft zu ergänzen. Eine verfassungsgemäße Schranke in diesem Sinne wäre damit ein Gesetz, welches für alle Religionsgesellschaften in gleicher Weise gelte.

Diese rein grammatikalische Auslegung ist zu Recht von der herrschenden Meinung[16] kritisiert worden. Eine solchermaßen definierte Schrankenregelung würde staatlichen Eingriffen einen zu großen Handlungsfreiraum bieten und damit immanent die Gefahr beinhalten, dass

---

14 Zitiert nach *Wilhelm Scheuer*, Was bedeutet im Artikel 137 Reichsverfassung: „Jede Religionsgesellschaft ordnet und verwaltet ihre Angelegenheiten selbständig innerhalb der Schranken des für alle geltenden Gesetzes“? (Diss.), Rosenheim 1929, S. 29; vgl. dazu auch *Ludwig Richter*, Kirche und Schule in den Beratungen der Weimarer Nationalversammlung (Schriften des Bundesarchivs, Band 47), Düsseldorf 1996, S. 645 ff.

15 Vgl. *Fritz Poetzsch-Heffter*, Handkommentar der Reichsverfassung vom 11. August 1919, 3. Auflage, Berlin 1928, S. 190.

16 Vgl. *Wilhelm Scheuer*, Was bedeutet im Artikel 137 Reichsverfassung: „Jede Religionsgesellschaft ordnet und verwaltet ihre Angelegenheiten selbständig innerhalb der Schranken des für alle geltenden Gesetzes“? (Diss.), Rosenheim 1929, S. 30 mit weiteren Nachweisen.

das Selbstbestimmungsrecht der Religionsgesellschaften auf dem Wege der Gesetzgebung zu weit eingeschränkt werden würde.

Der Hauptkritikpunkt der herrschenden Meinung an dieser Auffassung lag in dem Umstand begründet, dass die einzige Voraussetzung für eine zulässige Schranke in diesem Sinne darin bestand, alle Religionsgesellschaften in ihren Anwendungsbereich mit einschließen zu müssen. Praktisch hätte dies die Bedeutung, dass Artikel 137 Absatz 3 Satz 1 WRV allein die Gleichbehandlung aller Religionsgesellschaften fordere. Damit würde das Selbstbestimmungsrecht auf ein reines Paritätsgebot herabgewürdigt. Ausnahmegesetze sowie jede weitere Form von Eingriffen in das Selbstbestimmungsrecht der Religionsgesellschaften blieben zulässig, solange sie nur alle Religionsgesellschaften träfen. Folgte man dieser Auslegung, würde man in der Gewährleistung des Selbstbestimmungsrechts der Religionsgesellschaften nach der Weimarer Verfassung weit hinter den bis dahin bestehenden staatskirchenrechtlichen Garantien zurückbleiben. „Dies würde einen Rückschritt in der geschichtlichen Entwicklung bedeuten und zu einer Rückkehr zum Staatskirchentum führen“[17].

Statt gedanklich den Begriff der Religionsgesellschaften zu ergänzen, bezog *Josef Schmidt*[18] das Wort „alle“ auf Vereine und dementsprechende Gemeinschaften. Dieser Auslegung wurde durch die Mehrheit der Staatskirchenrechtler entgegengesetzt[19], dass ein Bezug auf Vereine an dieser Stelle der Systematik des Artikels 137 Absatz 3 WRV sowie dem Wesen des gesamten dritten Abschnitts des zweiten Hauptteils der Verfassung widersprechen würde, da in dem genannten Teil der Weimarer Reichsverfassung nicht von Vereinen gesprochen wird.

2. Substantivisch

Obwohl die Meinung, welche „alle“ als Adjektiv auslegte, nur vereinzelt vertreten wurde, setzte sich die zeitgenössische Literatur nach-

---

17 *Wilhelm Scheuer*, Was bedeutet im Artikel 137 Reichsverfassung: „Jede Religionsgesellschaft ordnet und verwaltet ihre Angelegenheiten selbständig innerhalb der Schranken des für alle geltenden Gesetzes“? (Diss.), Rosenheim 1929, S. 30.

18 Vgl. *Josef Schmitt*, Die Selbstverwaltung der Religionsgesellschaften nach Artikel 137 Absatz 3 der neuen Reichsverfassung, in: Archiv des öffentlichen Rechts N. F. 3 (1922), S. 1 ff. (S. 29 ff.). *Schmitt* schloss sich später – unter Aufgabe dieser Auslegung – der herrschenden Auffassung an; vgl. *ders.*, Kirchliche Selbstverwaltung im Rahmen der Reichsverfassung, Paderborn 1926, S. 95.

19 Vgl. *Arthur Lilienthal*, Die Staatsaufsicht über die Religionsgesellschaften nach Artikel 137 der Reichsverfassung, Berlin 1925, S. 18.

drücklich und intensiv mit den Vertretern dieser Gegenmeinung auseinander. Die Argumente, insbesondere solche, die die Mindermeinung aus den Diskussionen im Rahmen der Beratungen der Nationalversammlung schlussfolgerte, wurden entsprechend gründlich diskutiert[20].

Aus diesem Grund legte die überwiegende Meinung in der Weimarer Republik Wert darauf, dass sie „alle" trotz Kleinschreibung nicht als Adjektiv verstand. Die herrschende Lehre[21] sowie die Rechtsprechung[22] vertraten die Auffassung, dass „alle" im Sinne von „für jeden" oder „für jedermann"[23] zu verstehen sei. Zulässige Schranken seien damit grundsätzlich solche Gesetze, die für alle Personen gleichermaßen galten. Zur Begründung dieser Ansicht wurden die klassischen Auslegungsmethoden herangezogen[24].

---

20 Zu den Einzelheiten dieser Diskussion insbesondere *Wilhelm Scheuer*, Was bedeutet im Artikel 137 Reichsverfassung: „Jede Religionsgesellschaft ordnet und verwaltet ihre Angelegenheiten selbständig innerhalb der Schranken des für alle geltenden Gesetzes"? (Diss.), Rosenheim 1929, S. 29 ff.; *Arthur Lilienthal*, Die Staatsaufsicht über die Religionsgesellschaften nach Artikel 137 der Reichsverfassung, Berlin 1925, S. 18 f.

21 Vgl. *Gerhard Anschütz*, Die Verfassung des Deutschen Reichs vom 11. August 1919, unveränderter fotomechanischer Nachdruck der 14. Auflage 1933, Bad Homburg v. d. H., Berlin, Zürich 1968, S. 636 ff., mit weiteren Nachweisen.

22 Insbesondere die einschlägigen Urteile des Reichsgerichts RGZ 114, 220 (224) und des Preußischen Oberverwaltungsgerichtshofs PreußOVGE 82, 196 (205); zu weiteren Nachweisen siehe *Alfred Schulze*, Die kirchenrechtliche Judikatur des Reichsgerichts, in: Die Reichsgerichtspraxis im deutschen Rechtsleben, Band I: Öffentliches Recht, hg. v. Otto Schreiber, Berlin 1929, S. 283 ff.

23 Beide Begriffe bei *Gerhard Anschütz*, Die Verfassung des Deutschen Reichs vom 11. August 1919, unveränderter fotomechanischer Nachdruck der 14. Auflage 1933, Bad Homburg v. d. H., Berlin, Zürich 1968, S. 636 ff; beide Begriffe ebenfalls bei *Josef Godehard Ebers*, Religionsgesellschaften, in: Die Grundrechte und Grundpflichten der Reichsverfassung, Band 2, hg. v. Hans Carl Nipperdey, Berlin 1930, S. 399.

24 Zu den Auslegungsmethoden siehe auch *Franz Bydlinski*, Juristische Methodenlehre und Rechtsbegriffe, 2. Auflage, Wien, New York 1991, S. 437 ff.

a) Die Auslegung der Schrankenregelung des Artikels 137 Absatz 3 Satz 1 WRV unter Heranziehung der klassischen Auslegungsmethoden

i. Sprachlich-grammatische Auslegung

Die sprachlich-grammatische Auslegung sprach aufgrund der Schreibweise von „alle“ auf den ersten Blick gegen die Auslegung der herrschenden Meinung. Die sprachliche Struktur der Weimarer Reichsverfassung schloss eine substantivische Auslegung jedoch nicht von vornherein aus. Dies galt insbesondere in Verbindung mit einer Interpretation nach der systematischen Auslegung. Dass eine substantivische Verwendung von „alle“ ebenfalls möglich ist, wird deutlich, wenn man die systematische Auslegungsmethode hinzuzieht und die Formulierung des Artikels 137 Absatz 3 Satz 1 WRV mit weiteren Artikeln der Verfassung vergleicht. Dementsprechend wurde vonseiten der herrschenden Meinung vielfach[25] darauf hingewiesen, dass in der Weimarer Reichsverfassung auch an anderen Stellen „alle“ kleingeschrieben war, obwohl der substantivische Wortsinn dort nicht angezweifelt werden konnte, so z. B. in den Artikeln 146[26] und 151 WRV[27].

ii. Systematische Auslegung

Die Argumente, welche die herrschende Meinung aus der systematischen Auslegung zog, wurden im Rahmen der sprachlich-grammatischen Auslegung hinsichtlich der substantivischen Bedeutung des Wortes „alle“ aufgeführt. Des Weiteren wurde diese Auslegungsmethode angewendet, um die Mindermeinung zu entkräften, welche eine adjektivische Auslegung des Wortes „alle“ allein auf Vereine vornehmen wollte[28].

---

25 Vgl. insbesondere *Gerhard Anschütz*, Die Verfassung des Deutschen Reichs vom 11. August 1919, unveränderter fotomechanischer Nachdruck der 14. Auflage 1933, Bad Homburg v. d. H., Berlin, Zürich 1968, S. 636 ff.

26 Artikel 146 Absatz 1 Satz 2 WRV: „Auf einer für alle gemeinsamen Grundschule […].“

27 Artikel 151 Absatz 1 Satz 1 WRV: „[...] Gewährleistung eines menschenwürdigen Daseins für alle [...].“

28 Siehe dazu in diesem Kapitel Abschnitt II Punkt 1.

iii. Historische Auslegung

Bereits bei der Kritik der Mindermeinung bediente sich die herrschende Ansicht der Argumente der historischen Auslegung, indem sie deren Vertretern entgegenhielt, hinter den Gewährleistungen früherer Verfassungen zurückzubleiben[29]. Darüber hinaus war diese Auslegungsmethode die von den zeitgenössischen Staatskirchenrechtlern am häufigsten bemühte Argumentationshilfe. Immer wieder verwies man auf vorhergehende staatskirchenrechtliche Systeme sowie auf die Diskussionen innerhalb der Nationalversammlung. Wie anfangs im Rahmen der Darstellung der Entstehungsgeschichte der Schrankenregelungen beschrieben, waren es insbesondere die Entwicklungen während des Kulturkampfes, die den Staatskirchenrechtlern in der Weimarer Republik noch sehr präsent waren. Viele Entscheidungen in Auslegungsfragen beruhten auf diesen historischen Erfahrungen[30]. Um ihre Auslegung des Wortes „alle" zu unterstützen, wurden innerhalb der herrschenden Meinung daher auch vielfach Zitate aus den Diskussionen der Nationalversammlung gewählt. Insbesondere den von dem Abgeordneten *Friedrich Naumann* getätigten Ausspruch „[...] nichts anderes aufgelegt als die Gesetze, die für jeden gelten [...]"[31] sah man als Bestätigung der eigenen Auslegung an.

iv. Teleologische Auslegung

Auch die Auslegung nach Sinn und Zweck sprach nach Ansicht der zeitgenössischen Staatskirchenrechtler für ihre Auffassung. Ihre Vertreter sahen in der Schrankenregelung des Artikels 137 Absatz 3 Satz 1 WRV die bereits im Rahmen der Verfassungsdiskussion in der Nationalversammlung von Weimar angesprochenen staatskirchenrechtlichen Hauptzielsetzungen verwirklicht[32].

Die Ansicht der Mindermeinung, welche die Schrankenregelung als Paritätsgebot auslegte, hätte mit ihrem Argument nur einen Teil des Zwecks der Schrankenregelung erklären können. Nach dieser Auslegung wäre sichergestellt, dass der Staat gegenüber den Religionsgesellschaften seine Interessen wahren und durchsetzen könnte.

---

29 Siehe dazu in diesem Kapitel Abschnitt II Punkt 1.

30 Siehe dazu genauer in diesem Kapitel Abschnitt I und zu den sonstigen verfassungsrechtlichen Entwicklungen Kapitel C „Zur Entstehungsgeschichte des Artikels 137 Absatz 3 WRV".

31 So z. B. zitiert bei *Josef Mausbach,* Kulturfragen in der Deutschen Verfassung. Eine Erklärung wichtiger Verfassungsartikel, Mönchengladbach 1920, S. 65 Fn. 5.

32 Siehe dazu in diesem Kapitel Abschnitt I.

Der Sinn einer Schrankenregelung besteht immer auch darin, die durch die Verfassung zu schützenden Interessen in einen gerechten Ausgleich miteinander zu bringen. Aus diesem Grund musste die Schranke des Selbstbestimmungsrechts ihrerseits eine sachgerechte Begrenzung enthalten. Die Zielsetzung, durch eine solche Schrankenregelung auch die Religionsgesellschaften zu schützen, sah die herrschende Meinung durch die Auslegung des Wortes „alle" im Sinne von „jedermann" gewährleistet. Dadurch, dass ein Gesetz nur dann eine zulässige Schranke darstellen könne, wenn es für jeden gelte, werde impliziert, dass die Religionsgesellschaften wie jede andere Gemeinschaft behandelt und religionsfeindliche Gesetze damit unmöglich gemacht würden[33].

b) Die Auslegung des Begriffs „jedermann"

Da, wie dargestellt, die überwiegende Meinung den Begriff „alle" mit „jedermann" gleichgesetzt hat, stellt sich im Weiteren die Frage, was die Vertreter dieser Meinung unter dem Begriff „jedermann" verstanden und welche Normen sie als ein für jedermann geltendes Gesetz in diesem Sinne qualifizierten.

Übereinstimmende Meinung war, dass es sich bei „jedermann" um natürliche und juristische Personen gleichermaßen handeln konnte[34]. Als zulässige Schranke des Selbstbestimmungsrechts der Religionsgesellschaften konnte damit prinzipiell jedes Gesetz gelten, welches alle Rechtssubjekte innerhalb seines räumlichen Geltungsbereiches in seine Regelungen einschloss. Diese grundsätzliche Auslegung galt unabhängig davon, ob die Regelungen den Menschen als Einzelperson berührten oder ob er erst mittelbar durch die Norm betroffen wurde, indem er sich zu einer Gemeinschaft oder in einem Verein zusammengeschlossen hatte. So waren die Religionsgesellschaften z. B. wie jede Einzelperson auch den Zivil- oder Strafgesetzen unterworfen. Ebenso konnten Gesetze, die nur Vereinigungen betrafen, grundsätzlich als für alle geltende Gesetze gelten. Abhängig von dem Rechtscharakter der jeweiligen Religionsgesellschaft konnte auch eine Regelung, die sich mit dem öffentlichrechtlichen Korporationsstatus befasste, als ein für alle geltendes Gesetz

---

33 Vgl. *Wilhelm Scheuer*, Was bedeutet im Artikel 137 Reichsverfassung: „Jede Religionsgesellschaft ordnet und verwaltet ihre Angelegenheiten selbständig innerhalb der Schranken des für alle geltenden Gesetzes"? (Diss.), Rosenheim 1929, S. 28 ff.

34 Vgl. *Josef Godehard Ebers*, Religionsgesellschaften, in: Die Grundrechte und Grundpflichten der Reichsverfassung, Band 2, hg. v. Hans Carl Nipperdey, Berlin 1930, S. 399 f.

gelten. Darüber hinaus war naturgemäß vor allem das allgemeine Vereinsrecht einschlägig.

Damit ein Gesetz als ein für jedermann geltendes Gesetz klassifiziert werden konnte, stellte die herrschende Meinung in der Weimarer Republik nicht auf den formellen Geltungsbereich ab[35]. Somit reichte es nicht aus, dass sich die betreffende Norm formell an alle richtete. Entscheidend waren vielmehr die tatsächlichen Wirkungen der betreffenden Normen. Gesetze, die aufgrund ihrer Formulierung den Anschein erweckten, sich an jedermann gleichermaßen zu wenden, faktisch aber nur das Selbstbestimmungsrecht der Religionsgesellschaften betreffen konnten, wurden nicht als ein für alle geltendes Gesetz angesehen. Religionsfeindliche Gesetze oder sonstige Gesetze, die materiell als unzulässige Sondergesetze eingestuft werden mussten, konnten nicht als ein für jedermann geltendes Gesetz gelten, auch dann nicht, wenn sie formal für jede Art juristischer Personen galten[36].

Die Annahme eines Gesetzes für jedermann wurde nicht dadurch ausgeschlossen, dass die betreffenden Normen unter Umständen nur spezielle Tatbestände regelten. Ein Gesetz, das aufgrund seines sachlichen Geltungsbereiches nur für einzelne Gruppen einschlägig sein konnte, blieb ein für alle geltendes Gesetz, solange alle Betroffenen hinsichtlich eines bestimmten Bezugsmerkmals oder einer bestimmten Tätigkeit von dem Gesetz umfasst wurden. Als typische Beispiele hierfür wären die Regeln im Rahmen der Gewerbeordnungen oder innerhalb der Denkmalspflege zu nennen. Ebenso wenig änderte die Tatsache, dass ein Gesetz vereinzelte Ausnahmefälle zuließ, etwas an seiner grundsätzlichen Klassifizierung als ein für alle geltendes Gesetz[37]. Voraussetzung war jedoch, dass die Ausnahmefälle eng begrenzt sowie sachlich gerechtfertigt waren und nicht auf einzelne Religionsgesellschaften beschränkt wurden[38].

---

35 Vgl. *Josef Mausbach,* Kulturfragen in der Deutschen Verfassung. Eine Erklärung wichtiger Verfassungsartikel, Mönchengladbach 1920, S. 63.

36 Beispiel zu solchen Gesetzen finden sich bei *Ernst Rudolf Huber,* Deutsche Verfassungsgeschichte seit 1789, Band III: Bismarck und das Reich, 3. Auflage, Stuttgart 1988, S. 377 Fn. 17.

37 Vgl. *Arthur Lilienthal,* Die Staatsaufsicht über die Religionsgesellschaften nach Artikel 137 der Reichsverfassung, Berlin 1925, S. 19 Fn. 78.

38 Vgl. *Wilhelm Scheuer,* Was bedeutet im Artikel 137 Reichsverfassung: „Jede Religionsgesellschaft ordnet und verwaltet ihre Angelegenheiten selbständig innerhalb der Schranken des für alle geltenden Gesetzes"? (Diss.), Rosenheim 1929, S. 35.

Prinzipiell lässt sich sagen, dass der Schwerpunkt bei der Auslegung des Wortes „alle" in einer Gegenüberstellung von allgemeinen und speziellen Gesetzen lag. Dabei durften Gesetze im Rahmen ihrer Regelungen die Besonderheiten, die sich aus der Eigenart der Religionsgesellschaften ergeben konnten, durchaus berücksichtigen, ohne dass die Einstufung als ein für jedermann geltendes Gesetz gefährdet wurde[39]. Vor diesem Hintergrund erklärt sich, dass auch Gesetze, welche nur solche Religionsgesellschaften betrafen, die den Status einer Körperschaft des öffentlichen Rechts besaßen, dem Grundsatz nach noch als ein für alle geltendes Gesetz angesehen werden konnten. Dies galt zumindest insoweit, als die dadurch entstehende unterschiedliche Behandlung der verschiedenen Religionsgesellschaften sich allein aufgrund der Besonderheit ihres öffentlich-rechtlichen Korporationsstatus ergab. Wie die Grenzen dieser Rechtfertigung ausgestaltet sein mussten und welche Voraussetzungen ein Gesetz erfüllen musste, um nicht als ein unzulässiges Sondergesetz qualifiziert zu werden, war Gegenstand eines Meinungsstreites, der im Rahmen des nachfolgenden Abschnittes genauer untersucht wird.

III. Die Zulässigkeit von Sondergesetzen

In den Verhandlungen der Nationalversammlung[40] herrschte Einigkeit darüber, dass Sondergesetze, die sich zielgerichtet gegen das Selbstbestimmungsrecht einzelner oder aller Religionsgesellschaften wendeten, nicht mit dem Begriff des „für alle geltenden Gesetzes" vereinbar waren. Dieses belegt z. B. der unwidersprochen gebliebene Ausspruch des Abgeordneten *Friedrich Naumann* in der Nationalversammlung: „Es soll aber auch nicht ein Gesetz ad hoc gemacht werden können, um eine Kirche oder alle Kirchen irgendwie durch Staatsmehrheit ändern oder drücken zu können"[41]. Während die Staatskirchenrechtler in Bezug auf die Auslegung des Begriffes „alle" im Rahmen der Schrankenregelung des Artikels 137 Absatz 3 Satz 1 WRV noch weitgehend über-

---

39 Vgl. *Josef Godehard Ebers*, Religionsgesellschaften, in: Die Grundrechte und Grundpflichten der Reichsverfassung, Band 2, hg. v. Hans Carl Nipperdey, Berlin 1930, S. 399 f.

40 Vgl. die Nachweise bei *Wilhelm Scheuer*, Was bedeutet im Artikel 137 Reichsverfassung: „Jede Religionsgesellschaft ordnet und verwaltet ihre Angelegenheiten selbständig innerhalb der Schranken des für alle geltenden Gesetzes"? (Diss.), Rosenheim 1929, S. 34 ff.

41 *Friedrich Naumann* Pl. 1652, hier zitiert nach: *Karl Pernutz*, Das Verhältnis von Staat und Kirche nach der Weimarer Verfassung (Diss.), Jena 1928, S. 29 Fn. 3.

einstimmten, gingen die Meinungen bei der Frage, was unter einem in diesem Sinne unzulässigen Sondergesetz zu verstehen sei, auseinander.

Die Annäherung an die unterschiedlichen Standpunkte, die zu diesem Thema vertreten wurden, wird dadurch erschwert, dass man sich im Rahmen der zeitgenössischen Diskussion nicht auf einen einheitlichen Begriff für solche nicht zulässigen Gesetze verständigen konnte. So sprechen einige Autoren von Sondergesetzen[42], Ausnahme-[43], Spezial- oder Verbotsgesetzen[44] oder sogar von Kampfgesetzen[45]. Um für die folgende Untersuchung eine einheitliche Begrifflichkeit nutzen zu können, wird hier im weiteren Verlauf der Begriff des Sondergesetzes verwandt, um ein Gesetz zu umschreiben, das sich intentional gegen Religionsgesellschaften als solche wendet und mit seinem Regelungsgehalt in das Selbstbestimmungsrecht einzugreifen versucht. Was unter einem solchen Sondergesetz konkret verstanden wurde, ist im Folgenden näher zu untersuchen.

Wie oben kurz erwähnt[46], ist es wichtig, sich zu vergegenwärtigen, dass nicht alle Gesetze, die in erster Linie die Religionsgesellschaften betrafen, als unzulässige Sondergesetze eingestuft werden konnten. Es hätte ansonsten kein besonderes Staatskirchenrecht existieren können. Ein solches wurde aber explizit durch Artikel 137 WRV vorausgesetzt.

Die Reichsverfassung von Weimar stellte in den Artikeln 135 ff. unter anderem die Grundsätze des staatskirchenrechtlichen Systems auf. Damit dieses verwirklicht werden konnte, setzte Artikel 137 WRV eine weitere Ausgestaltung durch konkrete Aus- und Durchführungsgesetze voraus. Das besondere Staatskirchenrecht umfasste insbesondere die Regelungen, die ausdrücklich in Artikel 137 Absatz 6 und Absatz 8 WRV vorgesehen waren. Landesrechtliche Regelungen im Sinne von Arti-

---

42 Vgl. *Paul Schoen*, Der Staat und die Religionsgesellschaften in der Gegenwart, in: Verwaltungsarchiv Band 29 (1924), S. 1 ff. (S. 29).

43 Vgl. *Josef Schmitt*, Die Selbstverwaltung der Religionsgesellschaften nach Artikel 137 Absatz 3 der neuen Reichsverfassung, in: Archiv des öffentlichen Rechts N. F. 3 (1922), S. 1 ff. (S. 14 ff.).

44 Vgl. *Wilhelm Scheuer*, Was bedeutet im Artikel 137 Reichsverfassung: „Jede Religionsgesellschaft ordnet und verwaltet ihre Angelegenheiten selbständig innerhalb der Schranken des für alle geltenden Gesetzes"? (Diss.), Rosenheim 1929, S. 34.

45 So z. B. *Ernst Rudolf Huber*, Rezension von Godehard Josef Ebers, Staat und Kirche im neuen Deutschland, in: Archiv des öffentlichen Rechts N. F. 21 (1932), S. 302 ff. (S. 307).

46 Vgl. dazu in diesem Kapitel Abschnitt II Punkt 2 b).

kel 137 Absatz 8 WRV mussten sich ihrerseits an den Maßgaben des Artikels 137 Absatz 3 Satz 1 WRV messen lassen. War ein solches Landesgesetz als Ausnahmegesetz zu qualifizieren, stellte es ebenso wenig ein zulässiges Gesetz im Sinne des Artikels 137 Absatz 8 WRV dar und war verfassungswidrig. Demzufolge sind Sondergesetze von den Gesetzen, welche im Rahmen des besonderen Staatskirchenrechts erlassen wurden, zu unterscheiden. Die genaue Abgrenzung war strittig. Im Wesentlichen wurden zwei Meinungen vertreten, die im Folgenden nach ihrem jeweiligen Hauptvertreter differenziert dargestellt werden.

1. Die Interpretation von *Josef Godehard Ebers*

Für *Josef Godehard Ebers*[47] und die seiner Meinung folgenden Vertreter in der Literatur[48] waren Gesetze nicht mit Artikel 137 Absatz 3 Satz 1 WRV vereinbar, die Religionsgesellschaften „schlechter stellen würden als die Vereine, in ihr Selbstbestimmungsrecht tiefer eingreifen würden, als es bei diesen der Fall ist“[49]. Dies bezeichnet *Josef Godehard Ebers* als den „negative[n] Inhalt“[50] der Schrankenregelungen des für alle geltenden Gesetzes. Von diesem Grundsatz ausgehend differenziert er weiter zwischen formellen und materiellen Sondergesetzen. Formelle Sondergesetze konnten unter bestimmten Voraussetzungen eine zulässige Schrankenregelung darstellen, wohingegen materielle Sondergesetze in jedem Fall mit Artikel 137 Absatz 3 Satz 1 WRV unvereinbar waren.

Formelle Sondergesetze waren nach dieser Ansicht Gesetze, die sich entweder explizit oder in ihren faktischen Auswirkungen nach Adressatenkreis oder Thematik ihrer Regelungen vornehmlich an Religionsgesellschaften wendeten. Dieses galt unabhängig davon, ob einzelne oder alle Religionsgesellschaften betroffen waren. Solche derart einklas-

---

47 Vgl. *Josef Godehard Ebers*, Staat und Kirche im neuen Deutschland, München 1930, S. 292 ff.; *ders.*, Religionsgesellschaften, in: Die Grundrechte und Grundpflichten der Reichsverfassung, Band 2, hg. v. Hans Carl Nipperdey, Berlin 1930, S. 399 ff.

48 So z. B. *Josef Schmitt*, Die Selbstverwaltung der Religionsgesellschaften nach Artikel 137 Absatz 3 der neuen Reichsverfassung, in: Archiv des öffentlichen Rechts N. F. 3 (1922), S. 1 ff. (S. 14 ff.); *Josef Mausbach*, Kulturfragen in der Deutschen Verfassung. Eine Erklärung wichtiger Verfassungsartikel, Mönchengladbach 1920, S. 64 f.

49 *Josef Godehard Ebers*, Staat und Kirche im neuen Deutschland, München 1930, S. 293.

50 *Josef Godehard Ebers*, Religionsgesellschaften, in: Die Grundrechte und Grundpflichten der Reichsverfassung, Band 2, hg. v. Hans Carl Nipperdey, Berlin 1930, S. 399.

sifizierten Gesetze waren unter der genannten Voraussetzung zulässig, dass die von den Regelungen betroffenen Religionsgesellschaften nicht schlechter gestellt würden als die übrigen Religionsgesellschaften und die sonstigen Vereine.

Lag eine Schlechterstellung einzelner oder aller Religionsgesellschaften im Vergleich zu den sonstigen Vereinen vor, handelte es sich um ein materielles Sondergesetz. Ein solches Gesetz, das sich nicht nur, wie oben beschrieben, im formellen Sinn an die Religionsgesellschaften wendete, sondern auch im materiellen Sinne durch den Inhalt seiner Regelungen die Religionsgesellschaften negativ betraf, war nicht mit der Schrankenregelung des Artikels 137 Absatz 3 Satz 1 WRV vereinbar und damit unzulässig. *Josef Godehard Ebers* bezeichnete solche Gesetze auch als Ausnahmegesetze[51].

Neben einer möglichen Schlechterstellung der betroffenen Religionsgesellschaften lag nach dieser Ansicht ein materielles Sondergesetz ebenfalls dann vor, wenn durch die betroffene Regelung eine unterschiedliche Behandlung zwischen den einzelnen Religionsgesellschaften herbeigeführt würde; es sei denn, eine solche ließe sich rechtfertigen. Anknüpfungspunkt einer zu rechtfertigenden differenzierenden Behandlung innerhalb der Religionsgesellschaft konnten nur Besonderheiten sein, die in dem Status der öffentlich-rechtlichen Körperschaft einer Religionsgesellschaft begründet lagen.

Josef Godehard Ebers sah hier das Bedürfnis, eine gewisse Flexibilität im Umgang mit den Religionsgesellschaften, die Körperschaften des öffentlichen Rechts waren, zu ermöglichen. Er machte jedoch deutlich, dass so nicht jegliche Differenzierung gerechtfertigt werden könne. Möglich sei nur eine neutrale Differenzierung aufgrund der besonderen Nähe der betroffenen Religionsgesellschaften zum Staat. Eine weitere Unterscheidung innerhalb von Religionsgesellschaften desselben Status durfte es seiner Meinung nach nicht geben. Ebenso wenig durfte der Status der Körperschaft des öffentlichen Rechts dazu führen, dass die Religionsgesellschaften, die diesen Status besaßen, nur aus diesem Grund einer stärkeren Einschränkung ihres Selbstbestimmungsrechts unterlagen. Als mögliche Gesetze mit einer zulässigen Differenzierung in diesem Sinne nannte *Josef Godehard Ebers* z. B. solche Gesetze, welche die Voraussetzungen zur Erlangung der öffentlich-rechtlichen Korporationsrechte re-

---

51 Vgl. *Josef Godehard Ebers*, Staat und Kirche im neuen Deutschland, München 1930, S. 393.

geln, aber auch Gesetze, die notwendig sind, um die in Artikel 137 WRV aufgestellten Grundsätze auszugestalten[52].

Zur argumentativen Untermauerung seiner Ansicht greift *Josef Godehard Ebers* auf die historische Auslegungsmethode zurück. Das eingangs genannte Zitat des Abgeordneten *Friedrich Naumann*[53] interpretiert *Josef Godehard Ebers*[54] als Ablehnung solcher Sondergesetze, die eine Schlechterstellung von Religionsgesellschaften ermöglichen würden. Hintergrund dieses Zitats und der damit zum Ausdruck kommenden Grundhaltung während der Entstehung der Weimarer Reichsverfassung war nach *Josef Godehard Ebers* Meinung das Bedürfnis, innerhalb der Nationalversammlung die Schwächen der bisherigen Schrankenregelungen mit der geänderten Formulierung zukünftig zu verhindern.

Die preußische Verfassung hatte für das Selbstbestimmungsrecht die Grenze der „allgemeinen Staatsgesetze" vorgesehen[55]. Die zum Teil religions- und vor allem kirchenfeindliche Gesetzgebung in der Epoche des Kulturkampfes[56] hatte deutlich gemacht, dass eine solche Schrankenformulierung unzureichend war, um die Gewährleistung des Selbstbestimmungsrechts der Religionsgesellschaften in ausreichendem Maße zu sichern. In Abgrenzung zu der überkommenen Formulierung hatten daher die Verfassungsgeber in der Nationalversammlung die Formulierung des für alle geltenden Gesetzes gewählt. Aus dieser Gegenüberstellung schloss *Josef Godehard Ebers,* dass „nicht nur Ausnahmegesetze gegen die eine oder andere Religionsgesellschaft [...] mit jener Formulierung ausgeschlossen werden [sollten], sondern Eingriffe des Staates in

---

52 Vgl. *Josef Godehard Ebers,* Staat und Kirche im neuen Deutschland, München 1930, S. 293 Fn. 4.

53 Vgl. in diesem Kapitel Abschnitt I.

54 Vgl. *Josef Godehard Ebers,* Religionsgesellschaften, in: Die Grundrechte und Grundpflichten der Reichsverfassung, Band 2, hg. v. Hans Carl Nipperdey, Berlin 1930, S. 399 ff.; *ders.*, Staat und Kirche im neuen Deutschland, München 1930, S. 290 ff.

55 „Die evangelische und die römisch-katholische Kirche, sowie jede andere Religionsgesellschaft ordnet und verwaltet ihre Angelegenheiten selbständig, bleibt aber den Staatsgesetzen und der gesetzlich geordneten Aufsicht des Staates unterworfen." Zusatz durch die Kulturkampfgesetze vom 5. April 1873, abgedruckt in: *Horst Hildebrandt (Hrsg.),* Die deutschen Verfassungen des 19. und 20. Jahrhunderts, 14. Auflage, Paderborn, München, Wien, Zürich 1992, S. 12 ff. (S. 14 Fn. 1).

56 Siehe dazu auch Kapitel C „Zur Entstehungsgeschichte des Artikels 137 Absatz 3 WRV" Abschnitt I Punkt 2 b).

das Selbstbestimmungsrecht überhaupt, auch schon durch ein für alle Religionsgesellschaften gleich ungünstiges Gesetz“[57]. Seine hier vertretene Auffassung führt, insbesondere bei der Frage des Bestehens einer weiter gehenden Staatsaufsicht, zu einer divergierenden Ansicht[58].

2. Die Interpretation von *Gerhard Anschütz*

Die soeben dargestellte Ansicht wurde von der Mehrheit der Staatskirchenrechtler in der Weimarer Republik nicht geteilt. Bedeutendster Vertreter der herrschenden Meinung war *Gerhard Anschütz*[59]. Er machte in seinem Kommentar deutlich, dass besondere Gesetze, die nur für die Religionsgesellschaften - oder Einzelne von ihnen - galten und eine belastende Wirkung für die betroffenen Religionsgesellschaften entfalten konnten, grundsätzlich weiter zulässig sein mussten. Dies galt jedoch auch nach seiner Ansicht nicht grenzenlos. Er stimmte mit der von *Josef Godehard Ebers* vertretenen Meinung und den ihm beipflichtenden Stimmen in der Literatur insoweit überein, als ein solches Gesetz eines Rechtfertigungsgrundes bedurfte. Gesetze konnten auch dann eine zulässige Schranke darstellen, wenn ihre Regelungen nur einzelne Religionsgesellschaften betrafen. Voraussetzung dafür war, dass diese Gesetze den betroffenen Religionsgesellschaften besondere Rechte oder Privilegien zuteilten, welchen wiederum Pflichten gegenüberstellt wurden. In diesem Fall ließ er auch weiter gehende Einschränkungen zu. Als wichtigstes Beispiel einer solchen Bindung nennt *Gerhard Anschütz* den Status der Körperschaft des öffentlichen Rechts.

Ebenso wie die Mindermeinung griffen auch die Vertreter der herrschenden Meinung zur Untermauerung ihrer These auf die Entstehungsgeschichte des Artikels 137 Absatz 3 Satz 1 WRV zurück. Insbesondere die Äußerungen der Abgeordneten während der Verhandlungen in der Nationalversammlung wurden dabei unterstützend herangezogen.

---

57 *Josef Godehard Ebers*, Staat und Kirche im neuen Deutschland, München 1930, S. 291.

58 Vgl. dazu die entsprechenden Ausführungen in Kapitel F „Einschränkungen durch die Staatsaufsicht“.

59 Vgl. *Gerhard Anschütz*, Die Verfassung des Deutschen Reichs vom 11. August 1919, unveränderter fotomechanischer Nachdruck der 14. Auflage 1933, Bad Homburg v. d. H., Berlin, Zürich 1968, S. 636 ff., mit weiteren Nachweisen.

Dies tat z. B. auch *Ernst Rudolf Huber*[60], der *Josef Godehard Ebers* Theorie der materiellen Sondergesetze ausdrücklich widersprochen hatte. Er wies unter anderem darauf hin, dass der Vorsitzende *Conrad Haußmann* im Verfassungsausschuss erklärt habe, dass nur Verbotsgesetze unzulässig seien. Damit sind für *Ernst Rudolf Huber* unzulässige Sondergesetze nur solche Gesetze, die den Charakter einer „Kampfgesetzgebung"[61] enthalten, sich also direkt gegen die Religionsgesellschaften wenden und sie aufgrund ihrer religiösen Wesensart strengeren Regelungen unterwerfen.

Die Anhänger dieser Interpretation traten mehrheitlich auch für das Fortbestehen einer weiter gehenden Staatsaufsicht zumindest über die Kirchen und sonstigen Religionsgesellschaften ein, die den Status einer Körperschaft des öffentlichen Rechts besaßen. Vor diesem Hintergrund gingen sie hier folgerichtig von einer weiter gehenden Interpretation der Schrankenregelung des Artikels 137 Absatz 3 Satz 1 WRV aus[62].

IV. Landesgesetze als zulässige Schranken im Sinne von Artikel 137 Absatz 3 Satz 1 WRV

Ein weiterer Diskussionspunkt im Rahmen der Schrankenregelung betraf die Frage, ob Landesgesetze als zulässige Schranke qualifiziert werden konnten. Die Vertreter einer Mindermeinung[63] bestritten dies. Nach ihrem Verständnis schloss die Formulierung des für alle geltenden Gesetzes nur Gesetze ein, die im gesamten Reichsgebiet Geltung erlangen konnten. Zur Begründung ihrer Ansicht bedienten sich die Vertreter dieser Meinung eines Umkehrschlusses. Unter der Formulierung der „Allgemeinen Gesetze" im Rahmen der Schrankenregelung der Paulskirchenverfassung seien unstreitig auch Landesgesetze zu verstehen gewesen. Dies habe der Wortlaut nahegelegt, da der Landesgesetzgeber

---

60 Vgl. *Ernst Rudolf Huber*, Rezension von Godehard Josef Ebers, Staat und Kirche im neuen Deutschland, in: Archiv des öffentlichen Rechts N. F. 21 (1932), S. 302 ff. (S. 306 f.).

61 Vgl. *Ernst Rudolf Huber*, Rezension von Godehard Josef Ebers, Staat und Kirche im neuen Deutschland, in: Archiv des öffentlichen Rechts N. F. 21 (1932), S. 302 ff. (S. 307).

62 Dazu genauer im nächsten Kapitel F „Einschränkungen durch die Staatsaufsicht".

63 Vgl. insbesondere *Josef Schmitt*, Die Selbstverwaltung der Religionsgesellschaften nach Artikel 137 Absatz 3 der neuen Reichsverfassung, in: Archiv des öffentlichen Rechts N. F. 3 (1922), S. 1 ff. (S. 16 ff.); *Karl Pernutz*, Das Verhältnis von Staat und Kirche nach der Weimarer Verfassung (Diss.), Jena 1928, S. 27.

ebenso wie der Reichsgesetzgeber die Kompetenz besitze, allgemeine Gesetze zu erlassen. Die Nationalversammlung habe sich bewusst gegen diese Formulierung entschieden. Die Ablehnung mache deutlich, dass im Gegensatz zu dem überkommenen Wortlaut Landesgesetze nicht in den Umfang des für alle geltenden Gesetzes einbezogen werden könnten. Ein für alle geltendes Gesetz sei vielmehr mit einem für jeden Deutschen geltenden Gesetz gleichzusetzen[64]. Aus diesen Gründen könne ein Landesgesetz keine zulässige Schranke im Sinne von Artikel 137 Absatz 3 Satz 1 WRV sein.

Der überwiegende Teil der Staatskirchenrechtler in der Weimarer Republik[65] folgte der Argumentation der Mindermeinung nicht. Die herrschende Meinung differenzierte in ihrer Definition des für alle geltenden Gesetzes nicht danach, ob es sich bei dem betroffenen Gesetz um ein Reichsgesetz oder ein Landesgesetz handelte. Den Umkehrschluss der Mindermeinung entkräftete sie mit dem Hinweis auf die Entstehungsgeschichte der Schrankenregelung. Die Entscheidung gegen die Übernahme der Formulierung der Paulskirchenverfassung erfolgte nicht aufgrund einer möglichen Differenzierung nach dem räumlichen Geltungsbereich eines Gesetzes. Wie bereits die Diskussion in der Nationalversammlung[66] zeigte, kam es den Verfassungsgebern darauf an, religionsfeindliche Sondergesetze zu verhindern. Dieser Hintergrund war ausschlaggebend dafür, dass man von der Formulierung der Paulskirchenverfassung Abstand nahm.

Ein Landesgesetz musste innerhalb des verfassungsmäßig vorgegebenen Kompetenzgefüges erlassen sein. War dies gegeben und erfüllte es die geforderten Voraussetzungen an eine verfassungskonforme Schranke, konnte ein Landesgesetz - trotz eines räumlich beschränkten Geltungsbereiches - ein zulässiges Gesetz im Sinne von Artikel 137 Absatz 3 Satz 1 WRV sein.

---

64 Vgl. *Wilhelm Scheuer*, Was bedeutet im Artikel 137 Reichsverfassung: „Jede Religionsgesellschaft ordnet und verwaltet ihre Angelegenheiten selbständig innerhalb der Schranken des für alle geltenden Gesetzes"? (Diss.), Rosenheim 1929, S. 39.

65 Vgl. unter anderem *Gerhard Anschütz*, Die Verfassung des Deutschen Reichs vom 11. August 1919, unveränderter fotomechanischer Nachdruck der 14. Auflage 1933, Bad Homburg v. d. H., Berlin, Zürich 1968, S. 636; *Ernst Rudolf Huber*, Rezension von Godehard Josef Ebers, Staat und Kirche im neuen Deutschland, in: Archiv des öffentlichen Rechts N. F. 21 (1932), S. 302 ff. (S. 306).

66 Siehe dazu in diesem Kapitel Abschnitt I.

V. Die Lehre Johannes Heckels

In den letzten Jahren der Weimarer Republik setzte sich *Johannes Heckel*[67] kritisch mit der herrschenden Meinung und den bisherigen Erkenntnissen auseinander und entwickelte eine neue Vorstellung zur Systematik der Schrankenregelung des Artikels 137 Absatz 3 Satz 1 WRV.

Nach seiner Auffassung handelte es sich bei der Schrankenregelung um eine „sinnvariierende Formel"[68]. Als solche erschließe sich ihr Inhalt nicht allein aus ihrem Wortlaut oder ihrer Entstehungsgeschichte. Vielmehr sei ihr Inhalt abhängig von der jeweils vorliegenden Verfassungsrealität und der politischen Situation auszulegen. Aus diesem Grund habe die Schrankenformulierung keinen statischen Inhalt; sondern die Auslegung müsse den tatsächlichen Gegebenheiten jeweilig zugeordnet und angepasst werden. Insbesondere dürfe der Sinn des Artikels 137 Absatz 3 Satz 1 WRV nicht allein aus seinem historischen Kontext heraus interpretiert werden. Die herrschende Meinung setze zu Unrecht ein starkes Gewicht auf die Tradition der Paulskirchenverfassung sowie auf die Erfahrungen mit der Preußischen Verfassungsurkunde von 1850[69].

Johannes Heckel sah in den bis dato vertretenen Ansichten zur Auslegung der Schrankenregelung die Gefahr, dass das Selbstbestimmungsrecht der Religionsgesellschaften zu weit eingeschränkt werden könnte. Nicht jede im Sinne der herrschenden Meinung „für alle" geltende Rechtsnorm sei, ausgehend von ihrem jeweiligen Inhalt, erforderlich oder qualifiziert, das kirchliche Selbstverwaltungsrecht begrenzen zu dürfen. Auch Gesetze, welche sich nicht zielgerichtet gegen das Selbstbestimmungsrecht der Religionsgesellschaften wendeten, könnten eine unzumutbare Eingrenzung des verfassungsrechtlich gewährleisteten Rechts darstellen. Damit nicht jede belanglose gesetzliche Regelung das Selbstbestimmungsrecht beschränken konnte, bedurfte es nach seiner

---

67 Vgl. *Johannes Heckel*, Das Staatskirchenrechtliche Schrifttum der Jahre 1930 und 1931, in: Verwaltungsarchiv 37 (1932), S. 280 ff. (S. 325 f.); ihm schlossen sich bereits in der Weimarer Republik – unter Aufgabe seiner bisherigen Auffassung – an: *Ernst Rudolf Huber*, Bedeutungswandel der Grundrechte, in: Archiv des öffentlichen Rechts N. F. 23 (1933), S. 1 ff. (S. 64 ff.), sowie *Otto Friedrich*, Der evangelische Kirchenvertrag mit dem Freistaat Baden, Schauenburg 1933, S. 82.

68 *Johannes Heckel*, Das Staatskirchenrechtliche Schrifttum der Jahre 1930 und 1931, in: Verwaltungsarchiv 37 (1932), S. 280 ff. (S. 325 f.).

69 Siehe dazu auch Kapital B, „Zur Entstehungsgeschichte des Artikels 137 Absatz 3 WRV" Abschnitt I.

Ansicht eines Korrektivs, das über die - an die bisherigen historischen Erfahrungen anknüpfenden - Auslegungen hinausging.

Johannes Heckel forderte, dass ein als zulässige Schranke des Selbstbestimmungsrechts der Religionsgesellschaften zu qualifizierendes Gesetz nur sein konnte: „Ein Gesetz, das trotz grundsätzlicher Bejahung der kirchlichen Autonomie vom Standpunkt der Gesamtnation als notwendige Schranke der kirchlichen Freiheit anerkannt werden muss; m. a. W. jedes für die Gesamtnation als politische Kultur- und Rechtsgemeinschaft unentbehrliche Gesetz, aber auch nur ein solches Gesetz“[70].

Eine weiter gehende Auseinandersetzung mit der Kritik *Johannes Heckels* an den bestehenden Auffassungen und seinem neu gefundenen Ansatzpunkt konnte sich aufgrund der weiteren politischen Entwicklung und dem nahenden Ende der Weimarer Republik nicht mehr entwickeln. Eine Annahme oder Weiterbildung der Theorie noch in der Weimarer Republik erfolgte daher ebenso wenig. Unter dem Begriff „Heckel'sche Formel“ bekannt geworden, fanden die hier dargestellten Überlegungen jedoch Eingang in die staatskirchenrechtliche Diskussion in der Bundesrepublik Deutschland[71].

---

70 *Johannes Heckel*, Das Staatskirchenrechtliche Schrifttum der Jahre 1930 und 1931, in: Verwaltungsarchiv 37 (1932), S. 280 ff. (S. 284).

71 Siehe insbesondere den ersten staatskirchenrechtlichen Artikel nach Inkrafttreten des Grundgesetzes: *Rudolf Smend*, Staat und Kirche nach dem Bonner Grundgesetz, in: Zeitschrift für evangelisches Kirchenrecht 1 (1951), S. 1 ff. (S. 4 ff.).

E. Einschränkungen durch die Staatsaufsicht

I. Die Staatsaufsicht über die Religionsgesellschaften

1. Was versteht man unter der Staatsaufsicht

In den staatskirchenrechtlichen Entwicklungen, die denen der Weimarer Reichsverfassung vorhergingen, hatte der Staat regelmäßig einen starken Einfluss auf die Religionsgesellschaften ausgeübt. Die Intensität und die strukturelle Ausgestaltung dieser Einflussnahmen variierten in den einzelnen Ländern. Einen zusätzlichen Einfluss übten auch die jeweils vorherrschenden politischen Anschauungen aus. Die Behandlung durch den Staat konnte sich, abhängig davon, welche Religionsgesellschaften im Konkreten betroffen waren, unterscheiden. Eine Religionsgesellschaft ohne öffentlich-rechtlichen Korporationsstatus - soweit diese bereits anerkannt wurde - unterlag in der Regel einer weniger strengen Aufsicht, als sie üblicherweise in Bezug auf die großen Kirchen ausgeübt wurde. Besonders ausgeprägt war die staatliche Einflussnahme in Ländern mit überwiegend evangelischer Bevölkerung auf die jeweiligen evangelischen Landeskirchen[1].

Im Zuge der in der Weimarer Republik geführten Diskussion um die möglichen Aufsichtsrechte über die Religionsgesellschaften wurden für die einzelnen Aspekte der Staatsaufsicht vielfältige Bezeichnungen verwendet. Diese Verwendung der Begriffe war uneinheitlich und zum Teil auch widersprüchlich. Angelehnt an die Begriffsbestimmung, die *Josef Godehard Ebers*[2] in seiner intensiven Auseinandersetzung mit diesem Problemkreis verwendet hat, soll im Weiteren zwischen zwei grundsätzlichen Formen der Staatsaufsicht differenziert werden - der Religionshoheit einerseits und der Kirchenhoheit anderseits.

Wie *Josef Godehard Ebers*[3] feststellte, ist die Religionshoheit genauer als „religionsgesellschaftliche Hoheit"[4] zu bezeichnen, da es sich nicht

---

1 Vgl. *Christoph Link*, Staatskirchenhoheit - Religionsgesellschaftliche Autonomie und säkulare Gemeinwohlverantwortung im deutschen Staatskirchenrecht seit der Aufklärung, in: Zeitschrift für evangelisches Kirchenrecht 20 (1975), S. 1 ff.

2 Vgl. *Josef Godehard Ebers*, Religionsgesellschaften, in: Die Grundrechte und Grundpflichten der Reichsverfassung, Band 2, hg. v. Hans Carl Nipperdey, Berlin 1930, S. 299 ff.; *ders.*, Staat und Kirche im neuen Deutschland, München 1930, S. 298 ff.

3 Vgl. *Josef Godehard Ebers*, Staat und Kirche im neuen Deutschland, München 1930, S. 299.

um eine Aufsicht über die Religion als solche handelt. Mit dem Begriff soll vielmehr eine Form der allgemeinen Aufsicht bezeichnet werden, die der Staat gegenüber allen Religionsgesellschaften ausübt. Die Religionshoheit ist, was ihren Umfang und ihre Ausgestaltung betrifft, identisch mit der allgemeinen Aufsicht, die der Staat generell über Vereine in seinem Hoheitsgebiet ausübt.

Entgegen dem eigentlichen Wortsinn handelt es sich bei der Kirchenhoheit nicht um eine ausschließlich auf die Kirchen bezogene Staatsaufsicht. Vielmehr wird der Begriff Kirche im übertragenen Sinne verwendet. Der Begriff umfasst damit neben den Kirchen auch alle Religionsgesellschaften, die in der Weimarer Republik den Status einer Körperschaft des öffentlichen Rechts besaßen.

Die Kirchenhoheit wurde in diesem Sinne als eine über die allgemeine Vereinshoheit hinausgehende besondere Aufsicht verstanden. Je nach Ausgestaltung des betroffenen Bereichs konnte dies auch besondere Aufsichtsrechte von unterschiedlicher Intensität umfassen. Aus den vorhergehenden Epochen waren diverse Formen von Aufsichtsrechten bekannt, wie z. B. Anzeige- und Informationsverpflichtungen für die Religionsgesellschaften mit öffentlich-rechtlichem Korporationsstatus, staatliche Zustimmungs- oder Genehmigungsvorbehalte bis hin zu Kontroll- und Einspruchsrechten für staatliche Stellen im Rahmen der eigenen Angelegenheiten der betroffenen Religionsgesellschaften[5], so auch das früher übliche *Placet*[6] und das Patronatsrecht, welches die Ämtervergabe der Religionsgesellschaften erheblich einschränkte[7]. Einflussnahmen in einem früheren Stadium der Ausübung des Selbstbestimmungsrechts waren ebenfalls denkbar. Solche würden insbesondere dann vorliegen, wenn die Religionsgesellschaften verpflichtet würden, staatli-

---

4 Begriff verwendet durch *Joseph Löhr*, zitiert bei *Josef Godehard Ebers*, Staat und Kirche im neuen Deutschland, München 1930, S. 299, Fn. 2.

5 Zu Beispielen der möglichen Ausgestaltung solcher Aufsichtsrechte in der Weimarer Republik siehe *Josef Godehard Ebers*, Staat und Kirche im neuen Deutschland, München 1930, S. 331 ff.

6 Vgl. *Wilhelm Scheuer*, Was bedeutet im Artikel 137 Reichsverfassung: „Jede Religionsgesellschaft ordnet und verwaltet ihre Angelegenheiten selbständig innerhalb der Schranken des für alle geltenden Gesetzes"? (Diss.), Rosenheim 1929, S. 64 f.

7 Noch weiter gehend war die direkte staatliche Einsetzung von Personen im Rahmen kirchlicher oder quasikirchlicher Ämter, wie sie z. B. in Preußen durch die Amtseinsetzung eines besonderen Regierungsvertreters geschehen war. Dazu siehe Kapitel B „Die Entstehungsgeschichte des Artikels 137 Absatz 3 WRV" Abschnitt II Punkt 1.

che Mitwirkung schon im Rahmen des eigentlichen Entscheidungsprozesses zu dulden.

Wie bereits beschrieben[8], hatte das landesherrliche Kirchenregiment bis zum Ende des Kaiserreichs Bestand. Damit einher ging auch ein System mit ausgeprägter Kirchenhoheit. Im Rahmen der neuen Verfassung stellte sich die Frage, ob und in welchem Umfang die überkommenen staatskirchenrechtlichen Instrumente ihre Gültigkeit beibehalten konnten. Dieses grundsätzliche Problem wurde intensiv bei der Auseinandersetzung um die Ausgestaltung der Schrankenregelung des Artikels 137 Absatz 3 Satz 1 WRV[9] und noch lebhafter im Zusammenhang mit einer möglichen Staatsaufsicht über die Religionsgesellschaften diskutiert.

2. Die herrschende Ansicht

Die ganz überwiegende Ansicht in Literatur[10] und Rechtsprechung[11] ging davon aus, dass eine besondere Aufsicht über die Religionsgesellschaften auch mit dem Ende des landesherrlichen Kirchenregiments im Rahmen des neuen staatskirchenrechtlichen Systems grundsätzlich fortbestehen könnte. Ein Großteil der Mitglieder innerhalb der einzelnen Landesregierungen war ebenfalls dieser Ansicht und übte eine dementsprechende Praxis aus, wobei sie insbesondere im weiteren Verlauf der Weimarer Republik wieder verstärkt besondere Aufsichtsrechte wahrnahmen.

---

8 Zu der historischen Vorentwicklung und der Ausgestaltung des landesherrlichen Kirchenregiments zum Ende des Kaiserreichs siehe oben Kapitel B „Zur Entstehungsgeschichte des Artikels 137 Absatz 3 WRV“ Abschnitt I.

9 Dazu siehe Kapital D „Die Schranke des ‚für alle geltenden Gesetzes‘“.

10 Vgl. *Gerhard Anschütz*, Die Verfassung des Deutschen Reichs vom 11. August 1919, unveränderter fotomechanischer Nachdruck der 14. Auflage 1933, Bad Homburg v. d. H., Berlin, Zürich 1968, S. 223 f.; *Friedrich Giese*, Verfassung des Deutschen Reichs vom 11. August 1919, 7. Auflage, Berlin 1926, S. 363; *Wilhelm Scheuer*, Was bedeutet im Artikel 137 Reichsverfassung: „Jede Religionsgesellschaft ordnet und verwaltet ihre Angelegenheiten selbständig innerhalb der Schranken des für alle geltenden Gesetzes“? (Diss.), Rosenheim 1929, S. 40 ff; *Paul Schoen*, Der Staat und die Religionsgesellschaften in der Gegenwart, in: Verwaltungsarchiv Band 29 (1924), S. 1 ff. (S. 15 ff.); *Fritz Stier-Somlo*, Deutsches Reichs- und Landesstaatsrecht, Band 1, Berlin 1924, S. 877 ff.

11 Vgl. insbesondere PreußOVGE 79, 98 (194); 82, 196 (204); 82, 231 (237); RGZ 03, 91 (94).

So wurde z. B. 1925 in Preußen das „Staatsgesetz, betreffend die Kirchenverfassungen der evangelischen Landeskirchen vom 8. April 1924"[12] verabschiedet. Die Regelungen dieses Gesetzes gaben neben weiteren staatlichen Aufsichtsrechten dem zuständigen preußischen Minister ein Einspruchsrecht gegenüber Satzungen oder Gesetzen der betreffenden evangelischen Landeskirchen. Von diesem Einspruchsrecht konnte Gebrauch gemacht werden, falls die fragliche Regelung „eine geordnete Vermögensverwaltung oder eine genügende Vertretung der Steuerpflichtigen nicht gewährleistet [...]"[13].

Die herrschende Meinung differenzierte den Grad der möglichen Staatsaufsicht jedoch abhängig von dem Status der betreffenden Religionsgesellschaft. Religionsgesellschaften, die keine Körperschaften des öffentlichen Rechts waren, sollten keiner weiter gehenden staatlichen Einflussnahme unterworfen werden. Für sie galt ausschließlich die in Punkt 1 beschriebene Religionshoheit.

Religionsgesellschaften, die den Status einer Körperschaft des öffentlichen Rechts besaßen, unterstanden zunächst der allgemeinen Religionshoheit. Darüber hinaus erlaubte die herrschende Ansicht hier noch weitere staatliche Einflussnahmen. Die Körperschaften des öffentlichen Rechts sollten zusätzlich zu der Religionshoheit auch der oben beschriebenen Kirchenhoheit unterworfen werden. Dem Staat wurde damit die grundsätzliche Möglichkeit zugestanden, besondere Aufsichtsrechte gegenüber den Körperschaften des öffentlichen Rechts geltend zu machen.

Zur Begründung der unterschiedlichen Behandlungen der Religionsgesellschaften - abhängig von ihrem jeweiligen Status - wurde vielfach die Besonderheit des Status einer Körperschaft des öffentlichen Rechts als Argument herangezogen[14]. Innerhalb der herrschenden Ansicht gab es darüber hinaus Ansätze, das Fortbestehen der Kirchenhoheit auch im Rahmen der neuen staatskirchenrechtlichen Gegebenheiten un-

---

12 Abgedruckt bei *Ernst Rudolf Huber und Wolfgang Huber (Hrsg.)*, Staat und Kirche im 19. und 20. Jahrhundert. Dokumente zur Geschichte des deutschen Staatskirchenrechts, Band 4: Staat und Kirche in der Zeit der Weimarer Republik, Berlin 1988, S. 604 ff.

13 So Artikel 2 Absatz 1 und 2 i. V. m. Absatz 3 Ziffer c, Artikel 3 des Staatsgesetzes, betreffend die Kirchenverfassung der evangelischen Landeskirchen vom 8. April 1924.

14 Vgl. insbesondere *Gerhard Anschütz*, Die Verfassung des Deutschen Reichs vom 11. August 1919, unveränderter fotomechanischer Nachdruck der 14. Auflage 1933, Bad Homburg v. d. H., Berlin, Zürich 1968, S. 637 ff. mit weiteren Nachweisen.

abhängig vom öffentlich-rechtlichen Korporationsstatus verfassungsrechtlich herzuleiten[15].

3. Die Lehre Josef Godehard Ebers

Josef Godehard Ebers[16] war der maßgeblicher Vertreter einer Gruppe von Staatskirchenrechtlern[17], die den Vorstellungen der herrschenden Ansicht zu dem möglichen Umfang der Staatsaufsicht entgegentraten. Diese Ansicht, die sich in der Weimarer Republik nicht entscheidend durchsetzen konnte, hielt es mit dem neuen staatskirchenrechtlichen System der Weimarer Reichsverfassung für unvereinbar, dass der Staat weiterhin über einige Religionsgesellschaften eine besondere Aufsicht in Form der Kirchenhoheit ausübte. Dementsprechend erklärte *Josef Godehard Ebers*: „Die bisherige Staatskirchenhoheit ist zur Religionshoheit geworden, die umfassende besondere Staatsaufsicht hat sich zur Religionsaufsicht verflüchtigt, ist in ihrem Inhalt nach nichts anderes als die Vereinsaufsicht bezogen auf die Religionsgesellschaften"[18].

Wie der Souveränitätsanspruch und der Sicherheitsanspruch des Staates im Rahmen der Weimarer Reichsverfassung ausgestaltet werden sollte, wurde unterschiedlich beurteilt. Die Mindermeinung stimmt mit der herrschenden Auffassung[19] insoweit überein, dass der Staat Hoheitsrechte in Form einer Staatsaufsicht ausüben sollte, soweit diese notwendig waren, um die allgemeine Ordnung und die Staatssicherheit zu ge-

---

15 Siehe dazu in diesem Kapitel Abschnitt II.

16 Vgl. *Josef Godehard Ebers*, Staat und Kirche im neuen Deutschland, München 1930, S. 299 ff.; *ders.*, Religionsgesellschaften, in: Die Grundrechte und Grundpflichten der Reichsverfassung, Band 2, hg. v. Hans Carl Nipperdey, Berlin 1930, S. 361 ff.

17 So auch insbesondere *Josef Mausbach*, Kulturfragen in der Deutschen Verfassung. Eine Erklärung wichtiger Verfassungsartikel, Mönchengladbach 1920, S. 70 ff. mit weiteren Nachweisen; *Ernst Rudolf Huber*, Rezension von Godehard Josef Ebers, Staat und Kirche im neuen Deutschland, in: Archiv des öffentlichen Rechts N. F. 21 (1932), S. 302 ff. (S. 310 f.); *Josef Schmitt*, Die Selbstverwaltung der Religionsgesellschaften nach Artikel 137 Absatz 3 der neuen Reichsverfassung, in: Archiv des öffentlichen Rechts N. F. 3 (1922), S. 1 ff. (S. 5 ff.).

18 *Josef Godehard Ebers*, Religionsgesellschaften, in: Die Grundrechte und Grundpflichten der Reichsverfassung, Band 2, hg. v. Hans Carl Nipperdey, Berlin 1930, S. 369.

19 Zu der herrschenden Ansicht siehe die Nachweise in diesem Kapitel und Abschnitt Punkt 1, Fn. 9, 10 und 11.

währleisten[20]. Zur Erfüllung dieses Staatszwecks sei jedoch die allgemeine Religionshoheit grundsätzlich ausreichend.

Soweit diese Aussagen Religionsgesellschaften betrafen, die keine Körperschaften des öffentlichen Rechts waren, befanden sich die Vertreter dieser Ansicht dem Grundsatz nach im Einklang mit der Mehrheit der Staatskirchenrechtler ihrer Zeit. Was die Behandlung der Kirchen und sonstigen Religionsgesellschaften betraf, die den Status einer Körperschaft des öffentlichen Rechts besaßen, gingen die Meinungen jedoch auseinander. Der Auffassung der herrschenden Ansicht, dass Körperschaften des öffentlichen Rechts über der Religionshoheit hinaus einer Kirchenhoheit unterworfen werden sollten, widersprachen die Vertreter der obigen Ansicht vehement[21]. Nach ihrer Meinung konnte es der Weimarer Reichsverfassung zufolge für keine Religionsgesellschaft – unabhängig von ihrem jeweiligen Status – eine über die Vereinshoheit hinausgehende qualifizierte Staatsaufsicht geben.

Diese grundsätzliche Überlegung schloss die Existenz von vereinzelten Aufsichtsrechten nicht aus, die der Staat gegenüber einer Religionsgesellschaft in der Form einer Körperschaft des öffentlichen Rechts wahrnehmen könnte. Solche Aufsichtsrechte waren auch nach der Mindermeinung in bestimmten eng begrenzten Sonderfällen zulässig. Zur Klärung, ob ein Aufsichtsrecht gerechtfertigt sein könnte, sollte das dem Aufsichtsrecht zugrunde liegende Rechtsverhältnis zwischen dem Staat und der Körperschaft des öffentlichen Rechts im Einzelnen betrachtet werden. Nur soweit der jeweilige Charakter dieses Verhältnisses eines staatlichen Aufsichtsrechts bedürfe, sei ein solches auch gerechtfertigt. Entscheidungskriterium dürfe nicht staatliches Ermessen oder eine Form von Interessenabwägung sein; vielmehr solle der zulässige Maßstab allein die Natur der Sache sein[22].

Möglichkeiten für zulässige Aufsichtsrechte wurden dabei in zwei Konstellationen gesehen. Akte einer religionsgesellschaftlichen Körperschaft des öffentlichen Rechts könnten dann Aufsichtsrecht begründen,

---

20 So auch der viel zitierte Ausspruch von *Wilhelm Kahl* im Plenum, unter anderem abgedruckt bei *Josef Godehard Ebers*, Staat und Kirche im neuen Deutschland, München 1930, S. 330.

21 Vgl. *Josef Schmitt*, Die Selbstverwaltung der Religionsgesellschaften nach Artikel 137 Absatz 3 der neuen Reichsverfassung, in: Archiv des öffentlichen Rechts N. F. 3 (1922), S. 1 ff. (S. 47 ff.); *Arthur Lilienthal*, Die Staatsaufsicht über die Religionsgesellschaften nach Artikel 137 der Reichsverfassung, Berlin 1925, S. 48 ff.

22 Vgl. *Josef Godehard Ebers*, Staat und Kirche im neuen Deutschland, München 1930, S. 331 f.

wenn sie der staatlichen Mithilfe bedürften, z. B. um die Durchsetzung dieser Akte zu ermöglichen. Eine weitere Situation, in der nach dieser Ansicht in zulässiger Weise einzelne Aufsichtsrechte begründet werden konnten, betraf die Fälle, in denen die betreffende Körperschaft des öffentlichen Rechts tatsächlich delegierte Hoheitsrechte wahrnahm. In beiden Konstellationen handle es sich in letzter Konsequenz um staatliche Angelegenheiten, die schon aus diesem Grund nicht unter den Schutz des Selbstbestimmungsrechts fallen würden.

Josef Godehard Ebers[23] beschäftigte sich ausführlich mit der Abgrenzung dieser vereinzelten Aufsichtsrechte gegenüber einer generellen besonderen Staatsaufsicht. Er tat dies, um einer möglichen Kritik vorzugreifen, die dieser Ansicht entgegenhalten könnte, dass sie durch die Akzeptanz einzelner Aufsichtsrechte im Ergebnis eine besondere Staatsaufsicht in kleinem Umfang annähme. Er führte dabei unter anderem an, dass die einzelnen Aufsichtsrechte nicht eigene Angelegenheiten der Religionsgesellschaften beträfen, sondern besondere Vorrechte, wie z. B. das Besteuerungsrecht. Im Gegensatz zu einer generellen Aufsicht würden diese Aufsichtsrechte entfallen, sobald die betreffende Körperschaft des öffentlichen Rechts auf das betreffende Vorrecht verzichten würde.

Um die ganz überwiegend vertretene Auffassung zu entkräften, im Zusammenhang mit den Kooperationsrechten sei weiterhin eine besondere Staatsaufsicht anzuwenden, argumentierte auch die Mindermeinung mit der grundsätzlichen Systematik des neu geschaffenen Staatskirchenrechts. Wie ein Großteil ihrer Zeitgenossen versuchte auch sie, die Gegebenheiten der Weimarer Reichsverfassung in Bezug zu den bekannten staatskirchenrechlichen Grundmodellen zu setzen. Sie zog ihre Argumente gegen das Weiterbestehen einer besonderen Staatsaufsicht über die Religionsgesellschaften aus dem Vergleich anderer vorhergehender staatskirchenrechtlicher Systeme mit den einzelnen Institutionen nach der Weimarer Reichsverfassung. Die Argumente, deren sich diese Mindermeinung bediente, werden in den nächsten Abschnitten jeweils den Argumenten der herrschenden Ansicht gegenübergestellt.

II. Verfassungsrechtliche Herleitung einer Staatsaufsicht

Bei der Frage, wie die überwiegende Meinung in der Weimarer Republik die von ihr weiterhin angenommene Kirchenhoheit mit den Vorgaben der Weimarer Reichsverfassung in Einklang zu bringen such-

---

23 Vgl. *Josef Godehard Ebers*, Religionsgesellschaften, in: Die Grundrechte und Grundpflichten der Reichsverfassung, Band 2, hg. v. Hans Carl Nipperdey, Berlin 1930, S. 415 f.

te, mag es den heutigen Leser überraschen, dass der Großteil der Staatskirchenrechtler nicht auf die Schrankenregelung des Selbstbestimmungsrechts nach Artikel 137 Absatz 3 Satz 1 WRV Bezug nahm. Die Aufsichtsrechte ergaben sich vielmehr aus Sondergesetzen, welche nicht als „für alle geltende“ Gesetze qualifiziert werden konnten[24]. Wichtigster Anknüpfungspunkt für die Argumente der herrschenden Meinung war vielmehr Artikel 137 Absatz 5 WRV; daneben wurden jedoch auch andere Regelungen des Artikels 137 WRV zur Begründung der Existenz einer Kirchenhoheit herangezogen.

1. Die Bedeutung des Artikels 137 Absatz 1 WRV

„Es besteht keine Staatskirche.“[25]

Die Formulierung von Absatz 1 des Artikels 137 WRV ist in der Weimarer Republik lebhaft diskutiert worden. Mehrheitlich[26] ging man davon aus, dass Artikel 137 Absatz 1 WRV das Ende des landesherrlichen Kirchenregiments verdeutliche. Bereits der Text der Frankfurter Pauskirchenverfassung enthielt das Verbot einer Staatskirche[27]. Diese Regelung sollte im Rahmen der Paulskirchenverfassung das Ende des Staatskirchentums verkünden[28]. Aufgrund der geänderten Situation hätte eine Feststellung mit gleichem Inhalt innerhalb der Weimarer Reichsverfassung wenig Sinn ergeben, da Staatskirchen im eigentlichen Sinne schon in den vorhergehenden staatskirchenrechtlichen Entwicklungen

---

24 Vgl. *Axel Freiherr von Campenhausen und Heinrich de Wall*, Staatskirchenrecht. Eine systematische Darstellung des Religionsverfassungsrechts in Deutschland und Europa, 4. Auflage, München 2006, S. 107.

25 Artikel 137 Absatz 1 WRV, abgedruckt in: *Horst Hildebrandt (Hrsg.)*, Die deutschen Verfassungen des 19. und 20. Jahrhunderts, 14. Auflage, Paderborn, München, Wien, Zürich 1992, S. 102.

26 Vgl. *Josef Godehard Ebers*, Religionsgesellschaften, in: Die Grundrechte und Grundpflichten der Reichsverfassung, Band 2, hg. v. Hans Carl Nipperdey, Berlin 1930, S. 362; *Gerhard Anschütz*, Die Verfassung des Deutschen Reichs vom 11. August 1919, unveränderter fotomechanischer Nachdruck der 14. Auflage 1933, Bad Homburg v. d. H., Berlin, Zürich 1968, S. 631; *Arthur Lilienthal*, Die Staatsaufsicht über die Religionsgesellschaften nach Artikel 137 der Reichsverfassung, Berlin 1925, S. 11.

27 „Keine Religionsgesellschaft genießt vor anderen Vorrechte durch den Staat; es besteht fernerhin keine Staatskirche“; § 147 Absatz 2 der Verfassung des deutschen Reichs vom 28. März 1849, zu finden unter URL: http:// verfassungen.de/de/de06-66/verfassung48-i.htm

28 Vgl. *Wilhelm Kahl*, Die deutsche Kirche im deutschen Staat, Berlin 1919, S. 9.

nicht mehr existiert hatten[29]. Vor diesem Hintergrund war man sich größtenteils einig, dass Absatz 1 nicht, wie man vom reinen Wortlaut ausgehend hätte annehmen können, nur ein Verbot des Staatskirchentums aussprechen sollte. Artikel 137 Absatz 1 WRV wurde dementsprechend als ein Verbot in Bezug auf jede Form eines Landeskirchentums verstanden. Die Sonderstellungen der Landeskirchen, wie sie bisher bestanden hatten, sollten aufgehoben werden, und darüber hinaus durfte ein entsprechendes System nicht wieder neu eingeführt werden. In dieser grundsätzlichen Aussage stimmten Vertreter der herrschenden Meinung ebenso wie die Gegner der Existenz einer Kirchenhoheit miteinander überein[30]. Teilweise wurde das Verbot des Artikels 137 Absatz 1 WRV auch noch dahingehend konkretisiert, dass durch seinen Regelungsgehalt die bis dahin für die evangelische Kirche bestehende organisatorische und verwaltungstechnische Verbindung zum Staat ausgeschlossen sein sollte[31].

In der staatskirchenrechtlichen Diskussion der Weimarer Republik wurde immer wieder problematisiert, inwieweit durch die Weimarer Reichsverfassung ein Trennungsmodell proklamiert wurde[32]. In diesem Zusammenhang ist überlegt worden, ob Artikel 137 Absatz 1 WRV als Argument für ein Trennungsmodell herangezogen werden konnte. Zu diesem Ergebnis konnte man vor allem dann gelangen, wenn man Absatz 1 isoliert von den weiteren Regelungen des Artikels 137 WRV be-

---

29 Vgl. dazu die Ausführungen in Kapitel B „Zur Entstehungsgeschichte des Artikels 137 Absatz 3 WRV“ Abschnitt I.

30 Vgl. *Josef Godehard Ebers,* Religionsgesellschaften, in: Die Grundrechte und Grundpflichten der Reichsverfassung, Band 2, hg. v. Hans Carl Nipperdey, Berlin 1930, S. 362; *Gerhard Anschütz,* Die Verfassung des Deutschen Reichs vom 11. August 1919, unveränderter fotomechanischer Nachdruck der 14. Auflage 1933, Bad Homburg v. d. H., Berlin, Zürich 1968, S. 631; *Arthur Lilienthal,* Die Staatsaufsicht über die Religionsgesellschaften nach Artikel 137 der Reichsverfassung, Berlin 1925, S. 11.

31 Vgl. *Gerhard Anschütz,* Die Verfassung des Deutschen Reichs vom 11. August 1919, unveränderter fotomechanischer Nachdruck der 14. Auflage 1933, Bad Homburg v. d. H., Berlin, Zürich 1968, S. 631 f.; *Ernst Forsthoff,* Die öffentliche Körperschaft im Bundesstaat: Eine Untersuchung über die Bedeutung der institutionellen Garantie in den Artikeln 127 und 137 der Weimarer Verfassung, Tübingen 1931, S. 112.

32 Vgl. insbesondere *Johannes Heckel,* Das Staatskirchenrechtliche Schrifttum der Jahre 1930 und 1931, in: Verwaltungsarchiv 37 (1932), S. 280 ff.; *Friedrich Giese,* Verfassung des Deutschen Reichs vom 11. August 1919, 7. Auflage, Berlin 1926, S. 360 f.

trachtete. Demgegenüber stand die Tatsache, dass der Artikel 137 Absatz 5 WRV es weiterhin ermöglichte, dass Religionsgesellschaften den Status einer Körperschaft des öffentlichen Rechts behalten bzw. erlangen konnten. Der Weiterbestand von solchen öffentlich-rechtlichen Korporationsrechten für Religionsgesellschaften und die damit einhergehenden engeren Beziehungen zwischen den jeweiligen Religionsgesellschaften und dem Staat sind ein deutliches Indiz gegen ein reines Trennungsmodell. Diese Diskrepanz innerhalb des Artikels 137 WRV war ein vielfach diskutiertes Problem unter den zeitgenössischen Staatskirchenrechtlern. Von Interesse sind hier insbesondere die Schlussfolgerungen, die daraus für das Bestehen und Nichtbestehen der Kirchenhoheit gezogen wurden.

a) Die herrschende Ansicht

Die Mehrzahl der Vertreter, die von einem Weiterbestehen der Kirchenhoheit ausgingen, sahen in Artikel 137 Absatz 1 WRV keine Regelung, die eine besondere Staatsaufsicht über einzelne Religionsgesellschaften unmöglich machte. Man knüpfte die Zulässigkeit der Kirchenhoheit nicht an die Funktion einer Landeskirche, sondern an den Status der Körperschaft des öffentlichen Rechts[33]. Es wurde dabei ausdrücklich zwischen dem „staatlich" in Absatz 1 und dem „öffentlich" in Absatz 5 differenziert. Man kam so zu dem Ergebnis, dass kein Widerspruch zwischen dem Verbot des Artikels 137 Absatz 1 WRV und der Existenz einer besonderen Aufsicht über die Religionsgesellschaften mit öffentlich-rechtlichem Korporationsstatus bestand[34].

b) Die Ansicht von Friedrich Giese

Friedrich Giese[35] war einer der wenigen Staatskirchenrechtler, die von der generellen Auslegung des Artikels 137 Absatz 1 WRV abwichen. Im Zusammenspiel mit Artikel 137 Absatz 5 WRV ging er davon aus, dass durch das Verbot einer Staatskirche das bisherige System der Staatskirchenhoheit nicht aufgelöst werden sollte. Nach seiner Ansicht durfte man Absatz 1 nicht losgelöst von den anderen Absätzen des Arti-

---

33 Vgl. *Gerhard Anschütz*, Die Verfassung des Deutschen Reichs vom 11. August 1919, unveränderter fotomechanischer Nachdruck der 14. Auflage 1933, Bad Homburg v. d. H., Berlin, Zürich 1968, S. 631.

34 Vgl. insbesondere *Ernst Forsthoff*, Die öffentliche Körperschaft im Bundesstaat: Eine Untersuchung über die Bedeutung der institutionellen Garantie in den Artikeln 127 und 137 der Weimarer Verfassung, Tübingen 1931, S. 114.

35 Vgl. *Friedrich Giese*, Das kirchenpolitische System der Weimarer Verfassung, in: Archiv des öffentlichen Rechts N. F. 7 (1924), S. 1 ff. (S. 40 ff.) mit weiteren Nachweisen.

kels 137 sehen. Die Tatsache, dass in Absatz 5 noch immer Religionsgesellschaften den Status einer Körperschaft des öffentlichen Rechts behalten bzw. erlangen könnten, müsse bei der Auslegung des Absatzes 1 mitberücksichtigt werden. Die öffentlich-rechtlichen Korporationsrechte stellten ein wichtiges Kriterium des vorhergehenden staatskirchenrechtlichen Systems dar. Damit sei deutlich gemacht, dass das System der Kirchenhoheit auch nach der neuen Reichsverfassung Bestand habe. Um nicht mit Absatz 5 in Widerspruch zu geraten, sei Absatz 1 eng auszulegen. Der Regelungsgehalt des Absatzes 1 erschöpft sich daher in seinem durch den reinen Wortlaut angedeuteten engen Sinne. Artikel 137 Absatz 1 WRV spreche nur das Verbot des Staatskirchentums aus; das System der Kirchenhoheit mit seiner besonderen Staatsaufsicht über bestimmte Religionsgesellschaften bleibe erhalten. Vor diesem Hintergrund sahen die Vertreter dieser Meinung in Artikel 137 Absatz 1 WRV ein gewichtiges Argument für die Beibehaltung einer besonderen Staatsaufsicht über einzelne Religionsgesellschaften.

c) Artikel 137 Absatz 1 als Argument gegen das Weiterbestehen der Kirchenhoheit

Die Gegner einer möglichen Kirchenhoheit nutzten Artikel 137 Absatz 1 WRV als Argument zur Untermauerung ihrer These, dass es eine besondere staatliche Aufsicht über die Religionsgesellschaft nach der Weimarer Reichsverfassung nicht mehr geben dürfe[36]. Im Einklang mit der herrschenden Meinung definierten die Vertreter dieser Ansicht Artikel 137 Absatz 1 WRV als Verbot der Errichtung von Landeskirchen und daraus resultierend eine verfassungsrechtlich verankerte Bestätigung über das Ende des Systems der Staatskirchenhoheit. Jedoch widersprachen sie der herrschenden Ansicht in einem wichtigen Punkt, und insofern lieferte ihnen Artikel 137 Absatz 1 WRV ein verfassungsrechtliches Argument zur Ablehnung der besonderen Staatsaufsicht über die Religionsgesellschaften.

Für die Vertreter der Mindermeinung war – neben der Imparität des Staates gegenüber den Religionsgesellschaften – das Bestehen einer besonderen Staatsaufsicht über alle oder über bestimmte Religionsgesellschaften eines der herausragenden Kriterien des Systems der Staatskirchenhoheit[37]. Es sei allein die besondere Stellung der Landeskirchen, die eine solche Aufsicht zwar nicht bedingt, aber doch ermöglicht und ge-

---

36 Vgl. *Josef Mausbach*, Kulturfragen in der Deutschen Verfassung. Eine Erklärung wichtiger Verfassungsartikel, Mönchengladbach 1920, S. 61 f. und S. 70 ff.

37 Vgl. insbesondere *Josef Godehard Ebers*, Staat und Kirche im neuen Deutschland, München 1930, S. 121 ff. und 303 ff.

rechtfertigt habe. Da Artikel 137 Absatz 1 WRV dieses System nun endgültig für beendet erklärt habe, dürfe auch die besondere Staatsaufsicht als eines seiner Grundpfeiler nicht mehr angewendet werden[38].

2. Die Bedeutung des Artikels 137 Absatz 5 WRV

„Die Religionsgesellschaften bleiben Körperschaften des öffentlichen Rechts, soweit sie solche bisher waren. Anderen Religionsgesellschaften sind auf Antrag gleiche Rechte zu gewähren, wenn sie durch ihre Verfassung und die Zahl ihrer Mitglieder die Gewähr der Dauer bieten."[39]

Wie bereits in der Diskussion um Artikel 137 Absatz 1 WRV deutlich wurde, kam dem Artikel 137 Absatz 5 WRV in der Problematik um ein Fortbestehen der Kirchenhoheit eine besondere Rolle zu.

a) Die Korrelatentheorie

Ein Großteil der Vertreter innerhalb der herrschenden Meinung bestand aus Anhängern der sogenannten *Korrelatentheorie*[40]. Für die Vertreter dieser Theorie lag die verfassungsrechtliche Verankerung ihrer Ansicht in Artikel 137 Absatz 5 WRV. Nach ihrer Meinung lieferte die Tatsache, dass auch nach den neuen verfassungsrechtlichen Gegebenheiten Religionsgesellschaften den Status einer Körperschaft des öffentlichen Rechts innehaben konnten, die Begründung dafür, dass die betreffenden Religionsgesellschaften der Kirchenhoheit unterworfen werden konnten. Angesichts der in Artikel 137 Absatz 5 garantierten Rechte und Privilegien sei eine logische Folge oder genauer „ein notwendiges Korrelat"[41], dass den gewährten Vergünstigungen im Zusammenhang mit den

---

38 Vgl. *Ernst Rudolf Huber*, Bedeutungswandel der Grundrechte, in: Archiv des öffentlichen Rechts N. F. 23 (1933), (S. 1 ff.) S. 64 f.

39 Artikel 137 Absatz 5 Satz 1 und Satz 2 WRV, abgedruckt in: *Horst Hildebrandt (Hrsg.)*, Die deutschen Verfassungen des 19. und 20. Jahrhunderts, 14. Auflage, Paderborn, München, Wien, Zürich 1992, S. 102.

40 So insbesondere *Gerhard Anschütz*, Die Verfassung des Deutschen Reichs vom 11. August 1919, unveränderter fotomechanischer Nachdruck der 14. Auflage 1933, Bad Homburg v. d. H., Berlin, Zürich 1968, S. 367; vgl. auch *Paul Schoen*, Der Staat und die Religionsgesellschaften in der Gegenwart, in: Verwaltungsarchiv Band 29 (1924), S. 1 ff. (S. 8 ff.); *Wilhelm Scheuer*, Was bedeutet im Artikel 137 Reichsverfassung: „Jede Religionsgesellschaft ordnet und verwaltet ihre Angelegenheiten selbständig innerhalb der Schranken des für alle geltenden Gesetzes"? (Diss.), Rosenheim 1929, S. 40.

41 Dies ist ein viel benutzter Satz der Anhänger der Korrelatentheorie; hier zitiert nach *Wilhelm Scheuer*, Was bedeutet im Artikel 137 Reichsverfassung: „Jede Reli-

öffentlich-rechtlichen Korporationsrechten Pflichten in Form von besonderen Aufsichtsrechten gegenüberstünden, die über die allgemeine Religionshoheit hinausgingen.

Die herrschende Meinung ging davon aus, dass sich die staatlichen Aufgaben im Zusammenhang mit der Beaufsichtigung der Religionsgesellschaften je nach Status der Religionsgesellschaft unterscheiden würden. Im Zusammenhang mit dem Handeln von Religionsgesellschaften ohne öffentlich-rechtlichen Korporationsstatus reiche es aus, dass der Staat eine mögliche Störung der öffentlichen Ordnung unterbinde. Aufgrund des privatrechtrechtlichen Charakters der Religionsgesellschaften könne es auch nur zu Störungen im Privatrechtsverkehr kommen; die allgemeine Vereinshoheit wäre daher ausreichend, die staatliche Aufgabe zu erfüllen. Anders sei jedoch das Handeln der Religionsgesellschaften zu behandeln, wenn es sich um Körperschaften des öffentlichen Rechts handle. Ihre Handlungen seien „als Ausübung öffentlichrechtlicher Funktionen [zu] charakterisieren“[42]. Aus diesem Grund komme den Handlungen eine weiter gehende Wirkung im öffentlichen Leben zu. Auch würden sie die Möglichkeit beinhalten, eine größere Einflussnahme auf staatliche Interessen auszuüben.

Die Natur der historisch gewachsenen und auch weiterhin gewährten Privilegien rechtfertigte nach dieser Ansicht ebenfalls die Existenz einer Kirchenhoheit. Als Argument wurde dazu unter anderem angeführt, dass es dem Staat erlaubt sein müsse, solange er durch die Unterhaltung von theologischen Fakultäten für die Ausbildung der Geistlichen sorge, einen gewissen Einfluss über die Stellenbesetzung der betroffenen Religionsgesellschaften auszuüben. Soweit einzelne Religionsgesellschaften das Besteuerungsrecht für sich in Anspruch nehmen möchten, sei dem Staat die notwendige Kontrolle über die Form der religionsgesellschaftlichen Vermögensverwaltung zuzugestehen[43].

Es wurde weiterhin angenommen, dass die aus Artikel 137 Absatz 5 WRV gefolgerte Korrelativität nicht dem Selbstbestimmungsrecht

---

gionsgesellschaft ordnet und verwaltet ihre Angelegenheiten selbständig innerhalb der Schranken des für alle geltenden Gesetzes“? (Diss.), Rosenheim 1929, S. 40.

42 *Paul Schoen*, Der Staat und die Religionsgesellschaften in der Gegenwart, in: Verwaltungsarchiv Band 29 (1924), S. 1 ff. (S. 21).

43 Vgl. *Paul Schoen*, Der Staat und die Religionsgesellschaften in der Gegenwart, in: Verwaltungsarchiv Band 29 (1924), S. 1 ff. (S. 21).

des Absatzes 3 Satz 1 widersprechen würde; Absatz 5 sei insoweit lex specialis zu der Regelung des Absatzes 3[44].

b) Die Argumentation der Mindermeinung

Die Vertreter der Mindermeinung traten den Argumenten, die die herrschende Meinung aus Artikel 137 Absatz 5 WRV zur Beibehaltung einer Kirchenhoheit zog, entgegen. Sie taten dies vor allem, indem sie das hinter der Korrelatentheorie stehende Verständnis von der Körperschaft des öffentlichen Rechts im Zusammenhang mit Religionsgesellschaften angriffen.

Nach Ansicht der Mindermeinung begründete der Status einer Körperschaft des öffentlichen Rechts nicht notwendigerweise weiter gehende Eingriffsrechte für den Staat. Man stimmte mit der herrschenden Ansicht insoweit überein, als im historischen Kontext besondere Aufsichtsrechte des Staates über die betreffenden Institutionen oft mit den öffentlich-rechtlichen Korporationsrechten einhergingen. Der Grund dafür liege aber nicht in dem Status der Körperschaft des öffentlichen Rechts begründet. Gegen eine solche Gegenseitigkeit von Körperschaftsstatus und Aufsichtsrechten wendete sich die Mindermeinung entschieden[45]. Besondere Aufsichtsrechte könnten nur dort begründet werden, wo der betreffenden Körperschaft des öffentlichen Rechts staatliche Aufgaben zur eigenen Erfüllung übertragen worden seien. In einem solchen Fall sei es noch vertretbar, wenn von einer gewissen Korrelativität zwischen diesen übertragenen Hoheitsrechten und der möglichen staatlichen Aufsicht gesprochen werde. Allerdings wurde auch hier zum Teil[46] darauf hingewiesen, dass die Übertragung von staatlichen Aufgaben und die Ausübung besonderer staatlicher Aufsichtsrechte zwei unabhängig voneinander vorkommende Ausprägungen des Systems der Landeskirchen gewesen seien.

Jedoch seien weder den Kirchen noch den sonstigen Religionsgesellschaften mit öffentlich-rechtlichem Korporationsstatus in diesem Sinne innerhalb der Weimarer Republik staatliche Aufgaben übertragen worden. Soweit Religionsgesellschaften im Rahmen ihres religiösen Auf-

---

44 Vgl. *Alfred Schulze*, Die kirchenrechtliche Judikatur des Reichsgerichts, in: Die Reichsgerichtspraxis im deutschen Rechtsleben, Band I: Öffentliches Recht, hg. v. Otto Schreiber, Berlin 1929, S. 288.

45 *Josef Mausbach*, Kulturfragen in der Deutschen Verfassung. Eine Erklärung wichtiger Verfassungsartikel, Mönchengladbach 1920, S. 75.

46 Vgl. *Josef Godehard Ebers*, Staat und Kirche im neuen Deutschland, München 1930, S. 130.

trags handelten – ob es sich um Körperschaften des öffentlichen Rechts handelte oder nicht –, erfüllten sie in keinem Fall staatliche Aufgaben.

Ein weiterer wichtiger Argumentationsansatz der Mindermeinung bezog sich auf die Systematik der staatskirchenrechtlichen Regelungen der Weimarer Verfassung und ganz konkret auf die Systematik des Artikels 137 WRV. Fasst man die Ansicht der Korrelatentheorie zusammen, so akzeptierte sie das Bestehen der Kirchenhoheit aufgrund der Regelungen in Artikel 137 Absatz 5 WRV. Die Mindermeinung[47] warf diesem Erklärungsversuch vor, dass durch ihn ein Anwendungsvorrang des Absatzes 5 vor den Regelungen des Absatzes 3 Satz 1 WRV herbeigeführt würde. Ein solcher sei jedoch der Systematik der Weimarer Reichsverfassung nicht zu entnehmen. Im Gegenteil dürfe Artikel 137 Absatz 5 WRV nicht dazu führen, dass über ihn die Anwendbarkeit des Artikels 137 Absatz 3 Satz 1 WRV ausgehebelt würde. Absatz 5 habe keinen Vorrang vor Absatz 3 Satz 1 WRV; ansonsten würde dies dazu führen, dass das Selbstbestimmungsrecht nur noch für die Religionsgesellschaften gelten würde, die nicht den Status einer Körperschaft des öffentlichen Rechts besäßen. Damit käme es zu einer Umkehr des durch den Verfassungsgeber Gewollten, wenn aus einer bewussten Privilegierung durch die daraus resultierende Kirchenhoheit eine Schlechterstellung gegenüber den anderen Religionsgesellschaften, die keine Körperschaften des öffentlichen Rechts seien, entstünde.

Neben der Gewährleistung des Selbstbestimmungsrechts für alle Religionsgesellschaften habe der Verfassungsgeber mit den Regelungen des Artikels 137 Absatz 5 Satz 1 und Satz 2 WRV zwei wichtige Aussagen zum staatskirchenrechtlichen System der Weimarer Reichsverfassung getroffen, welche den Aussagen der herrschenden Meinung widersprächen. Durch Absatz 5 Satz 1 habe der Verfassungsgeber seinen Willen deutlich gemacht, die besondere Stellung der Kirchen für die Öffentlichkeit sowie ihre aus der Geschichte und Kulturverbundenheit wurzelnde Bedeutung im Allgemeinwesen entsprechend hervorzuheben[48]. So auch ein Ausspruch des Berichterstatters *Josef Mausbach* in der Nationalversammlung, welcher in der Entscheidung zur Beibehaltung des Körperschaftsstatus für Religionsgesellschaften eine „Wertschätzung der sozialen Kräfte der Religion und ihrer Bedeutung für das öffentliche

---

47 Vgl. *Ernst Rudolf Huber*, Rezension von Godehard Josef Ebers, Staat und Kirche im neuen Deutschland, in: Archiv des öffentlichen Rechts N. F. 21 (1932), S. 302 ff. (S. 307).

48 Vgl. *Josef Godehard Ebers*, Staat und Kirche im neuen Deutschland, München 1930, S. 130.

Leben"[49] sah. Durch die Möglichkeit, gemäß Absatz 5 Satz 2 auch anderen Religionsgesellschaften den Status einer Körperschaft des öffentlichen Rechts einzuräumen, wird der Paritätsgedanke der Verfassung deutlich[50].

Das Verständnis über Erforderlichkeit und Umfang der Aufsicht, die der Staat über die innerhalb seines Hoheitsgebiets bestehenden Verbände ausübt, ist immer auch abhängig von der staatlichen Zielsetzung, welche mit der Staatsaufsicht verfolgt werden soll. Hier gab es im Laufe der staatskirchenrechtlichen Entwicklungen verschiedenste Auffassungen. Um die konträren Ansichten, die zum Umfang der Staatsaufsicht vertreten wurden, nachzuvollziehen, muss man sich das damalige Verständnis von dem Verhältnis des Staates zu den Religionsgesellschaften verdeutlichen. Wie oben ausgeführt, zeigt die Diskussion um die Auswirkung von Artikel 137 Absatz 5 WRV ein gegensätzliches Verständnis der beiden Meinungen über den Sinn der Körperschaftsrechte. Hinter diesem Verständnis steht jedoch auch grundsätzlich eine widersprüchliche Haltung hinsichtlich der Beziehungen des Staates zu den in der Öffentlichkeit am stärksten präsenten Religionsgesellschaften.

Allgemein lässt sich feststellen, dass keine Klarheit über den Inhalt des Begriffs der Körperschaft des öffentlichen Rechts herrschte, insbesondere in Bezug auf seine Anwendung auf Religionsgesellschaften in der Weimarer Republik[51]. Ein Teil der Staatskirchenrechtler hielten den Begriff für ausfüllungsbedürftig oder in gewisser Weise für inhaltlich dehnbar und verwiesen auf eine landesrechtliche Ausgestaltung[52].

---

49 *Josef Mausbach* in den Verhandlungen der Nationalversammlung, hier zitiert nach *Gerhard Robbers*, Sinn und Zweck des Körperschaftsstatus im Staatskirchenrecht, in: Festschrift für Martin Heckel zum siebzigsten Geburtstag, hg. v. Karl-Hermann Kästner, Tübingen 1999, S. 411 ff. (S. 417).

50 Vgl. *Werner Weber*, Das kirchenpolitische System der Weimarer Reichsverfassung im Rückblick, in: Gesellschaft, Recht, Politik, Festgabe für Wolfgang Abendroth zum 60. Geburtstag, hg. v. Heinz Maus, Neuwied 1968, S. 320.

51 Vgl. *Werner Weber*, Das kirchenpolitische System der Weimarer Reichsverfassung im Rückblick, in: Gesellschaft, Recht, Politik, Festgabe für Wolfgang Abendroth zum 60. Geburtstag, hg. v. Heinz Maus, Neuwied 1968, S. 390 f.; *Konrad Hesse*, Der Bedeutungswandel der kirchenpolitischen Artikel der Weimarer Reichsverfassung, in: Jahrbuch des öffentlichen Rechts N. F. 10 (1961), S. 1 ff. (S. 224).

52 Vgl. *Johannes Heckel*, Kirchengut und Staatsgewalt – ein Beitrag zur Geschichte und Ordnung des heutigen gesamtdeutschen Staatskirchenrechts, in: Rechtsprobleme in Staat und Kirche. Festschrift für Rudolf Smend zum 70. Geburtstag, Göttingen 1952, S. 104 ff. (S. 108).

Über die Funktionen der Religionsgesellschaften mit dem Status einer Körperschaft des öffentlichen Rechts war bereits innerhalb der Nationalversammlung diskutiert worden. In diesem Zusammenhang erfolgte auch ein viel zitierter Ausspruch von *Wilhelm Kahl*. Die mehrheitliche Ansicht innerhalb der Weimarer Republik hielt an dem althergebrachten Verständnis einer Körperschaft des öffentlichen Rechts auch für Religionsgesellschaft fest[53] und führten die Aussage vielfach zur Bestätigung ihrer Ansicht an. *Wilhelm Kahl* hatte im Verfassungsausschuss ausgeführt, dass eine Körperschaft des öffentlichen Rechts eine Körperschaft sei, „die mit obrigkeitsähnlichen Befugnissen ausgestattet, wegen ihres öffentlichen Interesses unter dem Schutz des Staats und unter der besonderen Aufsicht des Staates steht“[54]. Um den Körperschaftsbegriff für die Religionsgesellschaften tragbar zu machen, griff man auf den bisher bestehenden Zustand bzw. die überkommenen Rechte der bestehenden Religionsgesellschaften mit Körperschaftsstatus zurück. Genannt wurde insbesondere das Besteuerungsrecht, aber auch andere Rechte, wie z. B. die Rechtsetzungsgewalt und die Möglichkeit, sich selbst zu verwalten. Der Status der betreffenden Religionsgesellschaften wurde als „Körperschaften des öffentlichen Rechts sui generis“[55] oder „Körperschaften im weiteren Sinne“[56] verstanden, welche in einer besonderen Art der subordinationsrechtlichen Verbindung mit dem Staat verbunden waren[57].

Um der Auslegung der *Korrelatentheorie* widersprechen zu können, lehnten die Vertreter der Mindermeinung die Anwendung des Körperschaftsbegriffs auf Religionsgesellschaften ab und wollten diese nur ent-

---

53 Vgl. insbesondere die Beschreibung der Kennzeichen einer Religionsgesellschaft als Körperschaft des öffentlichen Rechts bei *Friedrich Giese*, Das kirchenpolitische System der Weimarer Verfassung, in: Archiv des öffentlichen Rechts N. F. 7 (1924), S. 1 ff. (S. 46 f.).

54 *Wilhelm Kahl*, hier zitiert nach *Karl Pernutz*, Das Verhältnis von Staat und Kirche nach der Weimarer Verfassung (Diss.), Jena 1928, S. 40.

55 Vgl. *Ernst Rudolf Huber und Wolfgang Huber (Hrsg.)*, Staat und Kirche im 19. und 20. Jahrhundert. Dokumente zur Geschichte des deutschen Staatskirchenrechts, Band 4: Staat und Kirche in der Zeit der Weimarer Republik, Berlin 1988, S. 870.

56 *Gerhard Anschütz*, Die Verfassung des Deutschen Reichs vom 11. August 1919, unveränderter fotomechanischer Nachdruck der 14. Auflage 1933, Bad Homburg v. d. H., Berlin, Zürich 1968, S. 645.

57 Vgl. *Carl Joseph Hering*, Zur Interpretation der Formeln innerhalb der Schranken des für alle geltenden Gesetzes (Art. 140 GG/ Art. 137 III WRV), in: Festschrift für Hermann Jahreiß, S. 88.

sprechend einer Körperschaft des öffentlichen Rechts behandelt wissen[58]. Die Mindermeinung sah die Religionsgesellschaften mit ihrem Öffentlichkeitsanspruch als gleichrangig neben dem Staat stehende Institutionen an, deren Aufgaben und Ziele von den staatlichen Zielen zu unterscheiden waren. Dementsprechend verstanden sie die Natur des Verhältnisses von Staat und Religionsgesellschaften als eine koordinationsrechtliche[59]. Der Körperschaftsbegriff gelte nur für Institutionen, die Teil der Staatsorganisation oder dem Staat organisationstechnisch verbunden seien. Da dies für Religionsgesellschaften nicht gelte, sei es falsch, insoweit die Situation der Religionsgesellschaften mit anderen Körperschaften des öffentlichen Rechts zu vergleichen. Deshalb sei auch die Begründung weiter gehender Aufsichtsrechte durch Artikel 137 Absatz 5 WRV ausgeschlossen.

Die Zielsetzung, die der Staat mit einer möglichen Aufsicht verfolgte, sollte nach diesem Verständnis als eine rein negative Abwehrfunktion verstanden werden, für die die allgemeine Religionshoheit ausreichend sei. Alleinige Aufgabe des Staates sei es, die Religionsgesellschaften an einer Überschreitung der Gesetze und einer Beeinträchtigung der Rechte Dritter zu hindern. Der Staat verfolge keine positiven Ziele in Bezug auf die Religionsgesellschaften[60]. Dies gelte ebenso für die Religionsgesellschaften mit öffentlich-rechtlichem Korporationsstatus. Im Rahmen der durch die Weimarer Reichsverfassung vorgegebenen Staatszwecke waren die Religionsgesellschaften für den Staat nicht mehr Mittel zur Erfüllung quasi staatlicher Ziele. Eine solche Zielsetzung hätte eher den überkommenen Vorstellungen des Systems des Staatskirchentums entsprochen. In der Epoche des absolutistischen Staates[61] hatte der Staat ein positives Interesse gegenüber den Kirchen und erachtete die religiöse Bildung seiner Bürger als Staatsaufgabe[62]. Die Kirchen wurden zu Staatsanstalten. In dieser Funktion hatten sie dem Staat und seinen Funktionen zu dienen. Kirchliche und staatliche Aufgaben wurden wiederum vermischt, da der Staat eigene Aufgaben, wie

---

58 Vgl. *Josef Godehard Ebers*, Staat und Kirche im neuen Deutschland, München 1930, S. 130.

59 Vgl. *Christoph Gusy*, Die Weimarer Reichsverfassung, Tübingen 1997, S. 325.

60 Vgl. *Arthur Lilienthal*, Die Staatsaufsicht über die Religionsgesellschaften nach Artikel 137 der Reichsverfassung, Berlin 1925, S. 65 ff.

61 So z. B. innerhalb des österreichischen *Josephinismus*. Näheres bei *Reinhold Zippelius*, Staat und Kirche - eine Geschichte von der Antike bis zur Gegenwart, München 1997, S. 100 f.

62 Vgl. dazu auch die Ausführungen im Zusammenhang mit der Anstaltsseelsorge in Kapitel C „Der Inhalt des Artikels 137 Absatz 3 WRV" Abschnitt II Punkt 3 c).

z. B. die Ehegerichtsbarkeit oder die Schulaufsicht, an die Kirchen übertrug.

Ein religiös neutraler Staat, wie ihn das Verbot der Staatskirche in Artikel 137 Absatz 1 WRV sowie das Paritätsgebot in Artikel 137 Absatz 5 Satz 2 WRV voraussetzten, hat keine religiösen Interessen und verfolgt keine Staatsziele, welche durch die Religionsgesellschaften im Rahmen ihrer Angelegenheiten erfüllt werden könnten. Wenn der Staat aber keine besonderen Ziele verfolgt und die Religionsgesellschaften im Rahmen ihres Selbstbestimmungsrechts als eigenständig akzeptiert, kann er sie auch wie jede andere Vereinigung in seinem Hoheitsgebiet behandeln.

III. Der Braunschweigische Verfassungsstreit

Der als der *Braunschweigische Verfassungsstreit* bekannt gewordene Fall war die erste Entscheidung des Reichsgerichts[63] zu staatskirchenrechtlichen Fragestellungen nach Erlass der Weimarer Reichsverfassung. Das Reichsgericht hatte darüber zu entscheiden, ob ein staatliches Gesetz Regelungen für die Wahlen zu dem Organ einer Religionsgesellschaft vorgeben durfte. Hintergrund des Rechtsstreits war ein Landesgesetz in Braunschweig, das ein Wahlalter von 20 Jahren festsetzte, während die evangelische Landeskirche in einem Kirchengesetz für die Wahl zu ihrer verfassunggebenden Synode ein Wahlalter von 25 Jahren vorschrieb. Das Reichsgericht erklärte das braunschweigische Landesgesetz als mit Artikel 137 Absatz 3 Satz 1 WRV unvereinbar.

Es ist jedoch nicht die eigentliche Entscheidung, die für die Diskussion um den Fortbestand der Kirchenhoheit ausschlaggebend war, sondern der folgende Nebensatz im Rahmen der Urteilsbegründung: „Indem diese Vorschrift den Religionsgesellschaften das Recht verleiht, ihre Angelegenheiten selbständig zu ordnen und zu verwalten, nimmt sie dem Staat zwar nicht die aus der Kirchenhoheit fließenden Aufsichtsrechte, verbietet ihm aber jeden Eingriff in die eigentliche Kirchenverwaltung."[64] Damit wurde der Braunschweigische Verfassungsstreit zum Anknüpfungspunkt für spätere Entscheidungen[65], um die Kirchenhoheit als grundsätzlich zulässig zu erklären. Ebenso nutzten viele Anhänger

---

63 RGZ 103, 91.

64 RGZ 103, 91 (94).

65 So insbesondere das Preußische Verwaltungsgericht, vgl. dazu PreußOVGE 82, 196.

der herrschenden Meinung die Aussage des Gerichts als wichtiges Argumentarium zur Untermauerung ihrer Ansicht[66].

---

66 Vgl. *Ernst Forsthoff*, Die öffentliche Körperschaft im Bundestaat: Eine Untersuchung über die Bedeutung der intentionellen Garantie in den Artikel 127 und 137 der Weimarer Verfassung, Tübingen 1931, S. 114 ff.

F. Schluss

Fasst man die Ausführungen der vorliegenden Arbeit zusammen, so könnte man zu der Überzeugung gelangen, der in der Verfassunggebenden Nationalversammlung von Weimar entwickelte Kompromiss zum Staatskirchenrecht habe sich in seiner Entstehungsepoche aufgrund der vielfältigen Diskussionspunkte und ungeklärten Fragestellungen nicht als tragfähig gezeigt. Dieses Bild entsteht vor allem in den Diskussionen um die „lex regia[67]" des Staatskirchenrechts, dem Selbstbestimmungsrecht des Artikels 137 Absatz 3 WRV. Doch dieser erste Eindruck täuscht. Einige Argumentationsstränge mögen den Leser aus heutiger Sicht überraschen, und manche Ansätze haben sich als nicht mehr vertretbar erwiesen. Es sollte jedoch vermieden werden, unser heutiges Verständnis in eine andere Epoche zu transferieren und vor diesem Hintergrund eine Bewertung vornehmen zu wollen. Das Verständnis einer Norm entwickelt sich immer auch vor dem Hintergrund ihrer historischen Entwicklung und der kulturpolitischen Realität, in die sie eingebettet ist. Dies gilt so auch für Artikel 137 WRV – unabhängig von der Tatsache, dass der Text des untersuchten Artikels aufgrund von Artikel 140 GG heute unverändert gilt.

Die Divergenzen im Hinblick auf die Ausgestaltung des Selbstbestimmungsrechts, die in dieser Arbeit angesprochen worden sind, waren in der Weimarer Republik vielfältig und betrafen unterschiedliche Aspekte. Betrachtet man indessen die Haltung der Staatskirchenrechtler in den einzelnen Diskussionen, lassen sich bei den Argumentationen zwei grundsätzliche Hauptlinien ausmachen.

Aus heutiger Sicht ist die Existenz einer besonderen staatlichen Aufsicht über die Religionsgemeinschaften nicht eine Frage nach Existenz und Umfang von Körperschaftsrechten, sondern nach den Einschränkungsmöglichkeiten des Selbstbestimmungsrechts und als solche mit den Argumenten der Weimarer Republik nicht mehr zu rechtfertigen. Ausgehend von dieser entscheidenden Frage, ob es neben der allgemeinen Religionshoheit noch eine Kirchenhoheit geben sollte, lassen sich die zwei Hauptlinien der Argumentation im Zusammenhang mit der Ausgestaltung des Selbstbestimmungsrechts der Religionsgesellschaften nachverfolgen.

Ein Staatskirchenrechtler, der mit der herrschenden Ansicht die Existenz der Kirchenhoheit akzeptierte, nahm konsequenterweise auch

---

67 *Johannes Heckel*, Melanchthon und das heutige deutsche Staatskirchenrecht, in: Festgabe für Erich Kaufmann zu seinem 70. Geburtstage, Stuttgart 1950, S. 83 ff. (S. 85).

in der Diskussion um die Schrankenregelung die Haltung ein, dass Sondergesetze zulässig seien. Eine Ansicht, die davon ausging, unter den Voraussetzungen des Körperschaftsstatus wäre es zur Erfüllung der staatlichen Ziele notwendig, besondere Aufsichtsrechte beizubehalten, wird auch in anderen Fragen zugunsten einer effektiven Durchsetzung der staatlichen Interessen entscheiden. Dementsprechend ist es nachvollziehbar, dass derselbe Staatskirchenrechtler den Umfang der Angelegenheiten der Religionsgesellschaften im Zweifel enger zog und zudem geneigt war, das Problemfeld der gemeinsamen Angelegenheit einer staatlichen Grenzziehung zu überlassen.

Dem entgegen stand die Ansicht, die Artikel 137 Absatz 5 WRV keinen Anwendungsvorrang vor Absatz 3 einräumen wollte und eine möglichst effektive Durchsetzung des Selbstbestimmungsrechts auch für Religionsgesellschaften mit dem öffentlich-rechtlichen Korporationsstatus forderte. Mit dieser Zielsetzung vertraten ihre Anhänger konsequent eine möglichst weite und für die Religionsgesellschaften vorteilhafte Auslegung und akzeptierten so z. B. keine Sondergesetze im Rahmen der Schrankenregelung.

Die eingangs beschriebene Auffassung wurde in der Rechtsprechung, der Literatur und unter den Mitgliedern vieler Landesregierungen innerhalb der Weimarer Republik überwiegend vertreten. In den Fragestellungen des Artikels 137 Absatz 3 Satz 1 WRV und des gesamten Staatskirchenrechts neigte man mehrheitlich zu einer konservativen Grundhaltung. Bei Unklarheiten oder sonstigen Auslegungsfragen orientierte sich die herrschende Meinung an den Erfahrungen und Instrumenten aus dem Kaiserreich. Dieser Ansicht ist keine direkte Kirchenfeindlichkeit zu unterstellen, obgleich sie an der überkommenen Kirchenhoheit festhielt. Die großen Kirchen sollten ihre historisch gewachsenen Stellungen im Staat weiterhin behaupten können. Wie bereits angesprochen[68], sah man das Verhältnis des Staats zu den Religionsgesellschaften als ein subordinationsrechtliches an, und vor diesem Hintergrund wurden bekannte Instrumente selbstverständlich auch weiter genutzt. Damit stellte sich den Vertretern dieser Meinung nicht die Frage, ob z. B. der Umfang der religionsgesellschaftlichen Angelegenheiten, statt auf das staatliche Verständnis abzustellen, auch in anderer Form bestimmt werden konnte.

Die Gegenmeinung versuchte, sich aus den überkommenen Vorstellungen zu lösen und die Fragen zu Artikel 137 Absatz 3 Satz 1 WRV vornehmlich aus dem Verfassungstext und dem Entscheidungsprozess

---

68 Siehe dazu in Kapitel E „Einschränkungen durch die Staatsaufsicht" Abschnitt II Punkt 2 b).

der Nationalversammlung zu ziehen. Da diese Meinung den Bruch mit den vorhergegangenen staatskirchenrechtlichen Systemen klarer angestrebt hat, erscheint sie dem heutigen Leser modern und leichter nachvollziehbar.

Ein wichtiger Punkt, mit dem sich die Staatskirchenrechtler in der Weimarer Republik[69] intensiv beschäftigt haben und der im Rückblick auch von vielen heutigen Autoren[70] diskutiert wird, betrifft die Frage, welchem staatskirchenrechtlichen Modell die Regelungen der Weimarer Reichsverfassung zugeordnet werden können. Der Ruf nach einer Trennung von Staat und Kirche war in der Entstehungszeit der Weimarer Reichsverfassung von den Sozialdemokraten gefordert und vonseiten der Kirchen sowie der Vertreter der bürgerlichen Parteien als „Schreckensbild“ genutzt worden, um ihre Wähler zu mobilisieren. Nachdem die staatskirchenrechtlichen Regelungen der Reichsverfassung erlassen waren, ist immer wieder versucht worden, die neuen Strukturen in die bis dahin bekannten Modelle einzugliedern. Da die Regelungen jedoch Ergebnis eines Kompromisses waren, wiesen die Normen Charakteristika von Trennungs- wie auch von Verbindungsmodellen auf. Das Selbstbestimmungsrecht und das Verbot einer Staatskirche in Artikel 137 Absatz 1 WRV konnten Argumente für ein strenges Trennungsmodell liefern. Dem standen andererseits z. B. die Gewährung des Körperschaftsstatus oder die Beibehaltung der Anstaltsseelsorge entgegen, die für ein Weiterbestehen der bis dahin engen Verbindung von Staat und Kirche sprachen. Der Versuch einer eindeutigen Zuordnung musste daher scheitern.

Die meisten zeitgenössischen Autoren versuchten dennoch, diese nicht zu überbrückende Spannung zu überwinden, indem sie in ihren Ausführungen ein staatskirchenrechtliches Element herausnahmen und die anderen Argumente diesem unterordneten. Erst im weiteren Verlauf der Weimarer Republik und insbesondere mit dem bekannten Ausspruch *Johannes Heckels* über die „hinkende Trennung“[71] löste man sich

---

69 So z. B. *Johannes Heckel*, Das Staatskirchenrechtliche Schrifttum der Jahre 1930 und 1931, in: Verwaltungsarchiv 37 (1932), S. 280 ff.; *Friedrich Giese*, Verfassung des Deutschen Reichs vom 11. August 1919, 7. Auflage, Berlin 1926, S. 360 f.

70 So z. B. *Christoph Link*, Ein Dreivierteljahrhundert der Trennung von Kirche und Staat in Deutschland, in: Festschrift für Werner Thieme zum 70. Geburtstag, hg. v. Bernd Bedecker, Hans Peter Bull und Ottfried Seewald, Köln, Berlin, Bonn, München 1993, S. 103 ff.

71 Vgl. *Johannes Heckel*, Das Staatskirchenrechtliche Schrifttum der Jahre 1930 und 1931, in: Verwaltungsarchiv 37 (1932), S. 280.

weiter von den althergebrachten Vorstellungen und erkannte das System als eigenständig an.

Die Gewährleistung eines Selbstbestimmungsrechts für die Religionsgesellschaften mag heute eine Selbstverständlichkeit sein. Die untersuchten Diskussionen zeigten jedoch immer wieder die Schwierigkeiten der Beteiligten, sich von den vorangehenden Entwicklungen und verwurzelten Vorstellungen zu lösen und sich dem neuen, durch die Verfassung aufgezeichneten System zuzuwenden. Dazu beigetragen haben mag auch, dass das Verständnis über das Verhältnis von Staat und Religionsgesellschaften teilweise noch sehr unterschiedlich war. Einige Staatskirchenrechtler waren auch in ihrem sprachlichen Ausdruck noch teils den „Feindbildern" des Kulturkampfes verbunden, wenn z. B. als Argument für die Kirchenhoheit benannt wurde, man müsse den Allmachtsbestrebungen der katholischen Kirche Einhalt gebieten. Vor diesem Hintergrund wird es verständlich, wenn die Religionsgesellschaften nicht als gleichberechtigte Partner anerkannt werden konnten und eine gewisse Skepsis der Parteien untereinander bestehen blieb. Damit stand der Gedanke eines Verhältnisses der Subordination den meisten Staatskirchenrechtlern in der Weimarer Republik näher als das der Kooperation.

Die Probleme des damaligen Staatskirchenrechts lagen auf anderen Gebieten, als dies heute der Fall ist. Während eine in religiöser Hinsicht pluralistische Gesellschaft ganz andere Anforderungen an die heutige Verfassung stellt, wurden die Auseinandersetzungen in der Regel noch im Schatten der großen Kirchen geführt, deren gesellschaftspolitische Bedeutung weitaus größer war, als dies heute der Fall ist. Das Dilemma der Weimarer Republik als „Republik ohne Republikaner" setzte sich auch im Staatskirchenrecht fort. Die fehlende Identifikation war insbesondere aufseiten der evangelischen Kirche groß. Dies mag auch im Zusammenhang mit der anfänglichen Existenzangst der Kirchenvertreter anlässlich der Rufe nach Trennung von Staat und Kirche und der organisatorischen Unsicherheiten nach dem Ende des landesherrlichen Kirchenregiments gestanden haben. Rückblickend lässt sich jedoch sagen, dass es zu dem vielfach gefürchteten Verlust der historischen Stellung der großen Religionsgesellschaften nicht gekommen ist. Der Weimarer Kompromiss hat einen tragfähigen Entwurf geliefert, dessen erste Ausgestaltung in der Weimarer Republik erfolgte und der unter dem Grundgesetz ebenfalls ein eigenständiges Gesicht entwickelt hat und weiterhin entwickeln wird.

Literaturverzeichnis

Anschütz, Gerhard, Die Verfassungsurkunde für den preußischen Staat vom 31. Januar 1850, Berlin 1912.

— Die Verfassung des Deutschen Reichs vom 11. August 1919, unveränderter fotomechanischer Nachdruck der 14. Auflage 1933, Bad Homburg v. d. H., Berlin, Zürich 1968.

Becker, Werner, Demokratie des sozialen Rechts. Die politische Haltung der Frankfurter Zeitung, der Vossischen Zeitung und des Berliner Tageblatts 1918–1924 (Diss.), München 1965.

Bock, Wolfgang, Das für alle geltende Gesetz und die kirchliche Selbstbestimmung: eine verfassungsrechtliche Untersuchung am Beispiel des Amtsrechts der evangelischen Kirchen (Diss.), Tübingen 1996.

Brechenmacher, Thomas, Das Reichskonkordat 1933. Forschungsstand, Kontroversen, Dokumente, Paderborn 2007.

Bröckling, Ulrich, Katholische Intellektuelle in der Weimarer Republik: Zeitkritik und Gesellschaftstheorie bei Walter Dirks, Romano Guardini, Carl Schmitt, Ernst Michel und Heinrich Mertens, München 1993.

Bullinger, Adelheid, Das Ende des landesherrlichen Kirchenregiments und die Neugestaltung der evangelischen Kirche, in: Zeitschrift für evangelisches Kirchenrecht 1974, S. 73 ff.

Bydlinski, Franz, Juristische Methodenlehre und Rechtsbegriff, 2. Auflage, Wien, New York 1991.

von Campenhausen, Axel und de Wall, Heinrich, Staatskirchenrecht - Eine systematische Darstellung des Religionsverfassungsrechts in Deutschland und Europa, 4. Auflage, München 2006.

Ebers, Josef Godehard, Religionsgesellschaften, in: Die Grundrechte und Grundpflichten der Reichsverfassung, Band 2, hg. v. Hans Carl Nipperdey, Berlin 1930.

— Staat und Kirche im neuen Deutschland, München 1930.

Forsthoff, Ernst, Die öffentliche Körperschaft im Bundesstaat: Eine Untersuchung über die Bedeutung der institutionellen Garantie in den Artikeln 127 und 137 der Weimarer Verfassung, Tübingen 1931.

— Die Verträge zwischen Staat und evangelischer Kirche: zugleich ein Beitrag zur Lehre vom öffentlich-rechtlichen Vertrag, in: Dt.RWiss. 4 (1939), S. 141 ff.

Friedberg, Emil, Die Grenzen zwischen Staat und Kirche und die Garantien gegen deren Verletzung, Tübingen 1872.

Friedrich, Otto, Der evangelische Kirchenvertrag mit dem Freistaat Baden, Schauenburg, 1933.

Galling, Kurt (Hrsg.), Die Religion in Geschichte und Gegenwart, Band 3: H–Kon, 3. Auflage, Tübingen 1959.

Giese, Friedrich, Das kirchenpolitische System der Weimarer Verfassung, in: Archiv des öffentlichen Rechts N. F. 7 (1924), S. 1 ff.

— Verfassung des Deutschen Reichs vom 11. August 1919, 7. Auflage, Berlin 1926.

Görres-Gesellschaft (Hrsg.), Staatslexikon: Recht, Wirtschaft, Gesellschaft, Band 5: Konsumentenkredit bis Ökumenische Bewegung, 3. Auflage, Freiburg i. Br. 1960.

Gusy, Christoph, Die Weimarer Reichsverfassung, Tübingen 1997.

Heckel, Johannes, Cura religionis, ius in sacra, ius circa sacra, in: Im Dienst an Recht und Staat, Festschrift für Ulrich Stutz zum siebzigsten Geburtstag, Neudruck der Ausgabe von 1938, Amsterdam 1969.

— Das Staatskirchenrechtliche Schrifttum der Jahre 1930 und 1931, in: Verwaltungsarchiv 37 (1932), S. 280 ff.

— Kirchengut und Staatsgewalt - ein Beitrag zur Geschichte und Ordnung des heutigen gesamtdeutschen Staatskirchenrechts, in: Rechtsprobleme in Staat und Kirche, Festschrift für Rudolf Smend zum 70. Geburtstag, Göttingen 1952.

— Melanchthon und das heutige deutsche Staatskirchenrecht, in: Festgabe für Erich Kaufmann zu seinem 70. Geburtstage, Stuttgart 1950.

Heckel, Martin, Zur Entwicklung des deutschen Staatskirchenrechts von der Reformation bis zur Schwelle der Weimarer Verfassung, in: Zeitschrift für evangelisches Kirchenrecht 12 (1966), S. 1 ff.

Hering, Carl Joseph, Zur Interpretation der Formeln innerhalb der Schranken des für alle geltenden Gesetzes (Art. 140 GG/Art. 137 III WRV), in: Festschrift für Hermann Jahrreiß zum 70. Geburtstag, Köln 1964.

Herzog, Roman (Hrsg.), Evangelisches Staatslexikon, Band I: A–M, 3. Auflage, Stuttgart 1987.

Hesse, Konrad, Das Selbstbestimmungsrecht der Kirchen und Religionsgemeinschaften, in: Handbuch des Staatskirchenrechts der Bundesrepublik Deutschland, Erster Band, hg. v. Joseph Listl und Dietrich Pirson, Berlin 1994.

— Der Bedeutungswandel der kirchenpolitischen Artikel der Weimarer Reichsverfassung, in: Jahrbuch des öffentlichen Rechts N. F. 10 (1961), S. 1 ff.

Hildebrandt, Horst (Hrsg.), Die deutschen Verfassungen des 19. und 20. Jahrhunderts, 14. Auflage, Paderborn, München, Wien, Zürich 1992.

Hinschius, Paul, Allgemeine Darstellung der Verhältnisse zwischen Staat und Kirche, in: Handbuch des öffentlichen Rechts der Gegenwart, Band 1, hg. v. Heinrich Marquardsen, 1887.

Höfer, Josef und Rahner, Karl (Hrsg.), Lexikon für Theologie und Kirche, Band 6: Karthago bis Marcellino, 2. Auflage, Freiburg i. Br. 1986.

von Hoensbroech, Paul, Die ultramontane Moral, in: Das Papsttum in seiner sozialkulturellen Wirksamkeit, Band 2, Leipzig 1906.

Hoffmann, Adolph, Die zehn Gebote und die besitzende Klasse - nach den gleichnamigen Vorträgen, 13. Auflage, Berlin 1904.

Huber, Ernst Rudolf, Bedeutungswandel der Grundrechte, in: Archiv des öffentlichen Rechts N. F. 23 (1933), S. 1 ff.

— Deutsche Verfassungsgeschichte seit 1789, Band III: Bismarck und das Reich, 3. Auflage, Stuttgart 1988.

— Deutsche Verfassungsgeschichte seit 1789, Band IV: Struktur und Krisen des Kaiserreich, revidierter Nachdruck der 2. Auflage, Stuttgart 1994.

— Deutsche Verfassungsgeschichte seit 1789, Band VI: Die Weimarer Reichsverfassung, revidierter Nachdruck der 1. Auflage, Stuttgart 1993.

— Rezension von Godehard Ebers, Staat und Kirche im neuen Deutschland, in: Archiv des öffentlichen Rechts N. F. 21 (1932), S. 302 ff.

— Verträge zwischen Staat und Kirche im Deutschen Reich, Breslau 1930.

Huber, Ernst Rudolf (Hrsg.), Dokumente zur Deutschen Verfassungsgeschichte, Band 3: Dokumente der Novemberrevolution und der Weimarer Republik 1918–1933, Stuttgart, Berlin, Köln, Mainz 1966.

— Quellen zum Staatsrecht der Neuzeit, Band 2: Deutsche Verfassungsdokumente der Gegenwart (1919–1951), Tübingen 1951.

Huber, Ernst Rudolf und Huber, Wolfgang (Hrsg.), Staat und Kirche im 19. und 20. Jahrhundert. Dokumente zur Geschichte des deutschen Staatskirchenrechts, Band 4: Staat und Kirche in der Zeit der Weimarer Republik, Berlin 1988.

Hubrich, Eduard, Das demokratische Verfassungsrecht des deutschen Reiches, Greifswald 1921.

Jacke, Jochen, Kirche zwischen Monarchie und Republik: Der preußische Protestantismus nach dem Zusammenbruch von 1918, Hamburg 1976.

Jeand'Heur, Bernd und Korioth, Stefan, Grundzüge des Staatskirchenrechts, Stuttgart 2000.

Kahl, Wilhelm, Die deutsche Kirche im deutschen Staat, Berlin 1919.

Kim, Sun-Ryol, Die Vorgeschichte der Trennung von Staat und Kirche in der Weimarer Verfassung von 1919 - Eine Untersuchung über das Verhältnis von Staat und Kirche in Preußen seit der Reichsgründung von 1871 (Diss.) (Hamburger theologische Studien, Band 13), Hamburg 1996.

Koeniger, Albert Michael, Zum Kapitel Kirche und Staat, Augsburg 1927.

Koeniger, Albert Michael und Giese, Friedrich, Grundzüge des katholischen Kirchenrechts und des Staatskirchenrechts, 2. Auflage, Bonn 1932.

Kriewitz, Jörg, Die Errichtung theologischer Hochschuleinrichtungen durch den Staat (Diss.), Tübingen 1992.

Kröger, Klaus, Der Wandel des Grundrechtsverständnisses in der Weimarer Republik, in: Freundesgabe für Alfred Söllner zum 60. Geburtstag, Gießen 1990.

Krumwiede, Hans-Walter, Evangelische Kirche und Theologie in der Weimarer Republik, Neukirchen-Vluyn 1990.

Kühne, Jörg-Detlef, Die Reichsverfassung der Paulskirche - Vorbild und Verwirklichung im späteren deutschen Rechtsleben, 2. Auflage, Neuwied 1998.

Lehnert, Detlef, Sozialdemokratie und Novemberrevolution. Die Neuordnungsdebatte 1918/19 in der politischen Publizistik von SPD und USPD, Frankfurt, New York 1983.

Liebe, Werner, Die deutschnationale Volkspartei 1918–1924, Düsseldorf 1956.

Liermann, Hans, Deutsches evangelisches Kirchenrecht, in: Bibliothek des öffentlichen Rechts, Band 5, Stuttgart 1933.

— Das evangelische Konkordat, in: Archiv des öffentlichen Rechts N. F. 13 (1927), S. 381 ff.

Lilienthal, Arthur, Die Staatsaufsicht über die Religionsgesellschaften nach Artikel 137 der Reichsverfassung, Berlin 1925.

Link, Christoph, Ein Dreivierteljahrhundert der Trennung von Kirche und Staat in Deutschland, in: Festschrift für Werner Thieme zum 70. Geburtstag, hg. v. Bernd Bedecker, Hans Peter Bull und Ottfried Seewald, Köln, Berlin, Bonn, München 1993.

— Staatskirchenhoheit - Religionsgesellschaftliche Autonomie und säkulare Gemeinwohlverantwortung im deutschen Staatskirchenrecht seit der Aufklärung, in: Zeitschrift für evangelisches Kirchenrecht 20 (1975), S. 1 ff.

— Verhältnis von Staat und Kirche, in: Deutsche Verwaltungsgeschichte Band III: Das Deutsche Reich bis zum Ende der Monarchie, hg. v. Kurt G. A. Jeserich, Hans Pohl und Georg-Christoph von Unruh, Stuttgart 1984.

— Verhältnis von Staat und Kirche, in: Deutsche Verwaltungsgeschichte Band IV: Das Reich als Republik und in der Zeit des Nationalsozialismus, hg. v. Kurt G. A. Jeserich, Hans Pohl und Georg-Christoph von Unruh, Stuttgart 1985.

Löhr, Joseph, Ist eine staatliche „Kirchenhoheit" und eine besondere Staatsaufsicht über die Kirche mit der deutschen Reichsverfassung vereinbar?, Paderborn 1927.

Mallmann, Klaus-Michael, Kommunisten in der Weimarer Republik. Sozialgeschichte einer revolutionären Bewegung, Darmstadt 1996.

Mausbach, Josef, Kulturfragen in der Deutschen Verfassung. Eine Erklärung wichtiger Verfassungsartikel, Mönchengladbach 1920.

Michaelis, Herbert und Schraepler, Ernst (Hrsg.), Ursachen und Folgen. Vom deutschen Zusammenbruch 1918 bis 1945 zur staatlichen Neuordnung Deutschlands in der Gegenwart - eine Urkunden- und Dokumentensammlung zur Zeitgeschichte, Band 3: Der Weg in die Weimarer Republik, Berlin 1959.

Mikat, Paul (Hrsg.), Staat und Kirche in der neueren Entwicklung, Darmstadt 1980.

Mommsen, Wilhelm (Hrsg.), Deutsche Parteiprogramme, in: Deutsches Handbuch der Politik, Band 1, 2. Auflage, München 1964.

Motschmann, Claus, Evangelische Kirche und preußischer Staat in den Anfängen der Weimarer Republik - Möglichkeiten und Grenzen ihrer Zusammenarbeit (Historische Studien Heft 413), Lübeck, Hamburg 1969.

Naumann, Friedrich, Freier Staat und freie Kirche, in: Die Hilfe 25 (1919), S. 628 ff.

Nowak, Kurt, Evangelische Kirche und Weimarer Republik - zum politischen Weg des deutschen Protestantismus zwischen 1918 und 1932, Göttingen 1981.

Pernutz, Karl, Das Verhältnis von Staat und Kirche nach der Weimarer Verfassung (Diss.), Jena 1928.

Poetzsch-Heffter, Fritz, Handkommentar der Reichsverfassung vom 11. August 1919, 3. Auflage, Berlin 1928.

Rade, Martin, Das künftige Verhältnis der beiden Konfessionen in Deutschland, in: Christliche Welt 33 (1919), Sp 2 ff.

Richter, Ludwig, Kirche und Schule in den Beratungen der Weimarer Nationalversammlung (Schriften des Bundesarchivs Band 47), Düsseldorf 1996.

Rieder, Hans, Staat und Kirche nach modernem Verfassungsrecht (Diss.), Berlin 1928.

von Rittberg, Else, Der preussische Kirchenvertrag von 1931 - Seine Entstehung und seine Bedeutung für das Verhältnis von Staat und Kirche in der Weimarer Republik (Diss.), Bonn 1960.

Robbers, Gerhard, Sinn und Zweck des Körperschaftsstatus im Staatskirchenrecht, in: Festschrift für Martin Heckel zum 70. Geburtstag, hg. v. Karl-Hermann Kästner, Tübingen 1999.

Rothfels, Hans (Hrsg.), Bismarck und der Staat - ausgewählte Dokumente, 3. Auflage, Darmstadt 1958.

Rüfner, Wolfgang, Verwaltung in den einzelnen Staaten, in: Deutsche Verwaltungsgeschichte Band II: vom Reichsdeputationshauptschluß bis zur Auflösung des Deutschen Bundes, hg. v. Kurt G. A. Jeserich, Hans Pohl und Georg-Christoph von Unruh, Stuttgart 1983.

Sägmüller, Jean Baptist, Lehrbuch des katholischen Kirchenrechts, 4. Auflage, Freiburg i. Br. 1925.

Scheuer, Wilhelm, Was bedeutet im Artikel 137 Reichsverfassung: „Jede Religionsgesellschaft ordnet und verwaltet ihre Angelegenheiten selbständig innerhalb der Schranken des für alle geltenden Gesetzes"? (Diss.), Rosenheim 1929.

Scheuner, Ulrich, Kirche und Staat in der neueren deutschen Entwicklung, in: Zeitschrift für evangelisches Kirchenrecht 8 (1960), S. 225 ff.

Schlaich, Klaus, Kirchenrecht und Vernunftrecht. Kirche und Staat in der Sicht der Kollegialtheorie, in: Zeitschrift für evangelisches Kirchenrecht 14 (1968/69), S. 1 ff.

Schlief, Karl-Eugen, Die Entwicklung des Verhältnisses von Staat und Kirche und seine Ausgestaltung im Bonner Grundgesetz - Geschichte, Entstehungsgeschichte und Auslegung des Art. 140 GG i. V. m. Art. 137 WRV (Diss.), Münster 1961.

Schmitt, Josef, Die Selbstverwaltung der Religionsgesellschaften nach Artikel 137 Absatz 3 der neuen Reichsverfassung, in: Archiv des öffentlichen Rechts N. F. 3 (1922), S. 1 ff.

— Kirchliche Selbstverwaltung im Rahmen der Reichsverfassung, Paderborn 1926.

Schoen, Paul, Das neue Verfassungsrecht der evangelischen Landeskirchen in Preußen, Berlin 1929.

— Der Staat und die Religionsgesellschaften in der Gegenwart, in: Verwaltungsarchiv Band 29 (1924), S. 1 ff.

— Die Rechtsgrundlage der Verträge zwischen Staat und Kirche und der Verträge der Kirchen untereinander, in: Archiv des öffentlichen Rechts N. F. 21 (1931/32), S. 317 ff.

Scholder, Klaus, Die Kirchen und das Dritte Reich, Band I: Vorgeschichte und Zeit der Illusionen 1918–1934, Frankfurt am Main, Berlin 1986.

Scholder, Klaus, Pacelli, Eugenio und Barth, Karl, Politik, Kirchenpolitik und Theologie in der Weimarer Republik, in: Die Kirchen zwischen Republik und Gewaltherrschaft - Gesammelte Aufsätze, hg. v. Karl Otmar von Aretin und Gerhard Besier, Berlin 1988.

Schulz, Gerhard, Zwischen Demokratie und Diktatur. Verfassungspolitik und Reichsreform in der Weimarer Republik, Band I: Die Periode der Konsolidierung und der Revision des Bismarckschen Reichsaufbaus 1919–1930, 2. Auflage, Berlin 1987.

Schulze, Alfred, Die kirchenrechtliche Judikatur des Reichsgericht, in: Die Reichsgerichtspraxis im deutschen Rechtsleben, Band I: Öffentliches Recht, hg. v. Otto Schreiber, Berlin 1929.

Schuster, Hermann, Das Kulturprogramm der Deutschen Volkspartei, Berlin 1919.

Smend, Rudolf, Staat und Kirche nach dem Bonner Grundgesetz, in: Zeitschrift für evangelisches Kirchenrecht 1 (1951), S. 1 ff.

Stern, Klaus, Das Staatsrecht der Bundesrepublik Deutschland, Band V: Die geschichtlichen Grundlagen des deutschen Staatsrechts. Die Verfassungsentwicklung vom Alten Deutschen Reich zur wiedervereinigten Bundesrepublik Deutschland, München 2000.

Stier-Somlo, Deutsches Reichs- und Landesstaatsrecht, Band 1, Berlin 1924.

Stribrny, Wolfgang, Evangelische Kirche und Staat in der Weimarer Republik, in: Zeitgeist im Wandel, Band II: Zeitgeist der Weimarer Republik, hg. v. Hans Joachim Schoeps, Stuttgart 1968.

Thoma, Richard, Die juristische Bedeutung der grundrechtlichen Sätze der deutschen Reichsverfassung im Allgemeinen, in: Die Grundrechte und Grundpflichten der Reichsverfassung, Band 1: Allgemeine Bedeutung der Grundrechte und der Artikel 102–117, hg. v. Hans Carl Nipperdey, Berlin 1929.

Triepel, Heinrich (Hrsg.), Quellensammlung zum deutschen Reichsstaatsrecht, 5. Auflage, Tübingen 1931.

Volk, Ludwig, Das Reichskonkordat vom 20. Juli 1933. Von den Ansätzen in der Weimarer Republik bis zur Ratifizierung am 10. September 1933, Mainz 1972.

Wallmann, Johannes, Kirchengeschichte Deutschlands seit der Reformation, 5. Auflage, Tübingen 2000.

Weber, Werner (Hrsg.), Die deutschen Konkordate und Kirchenverträge der Gegenwart, Göttingen 1962.

Ziegler, Adolf Wilhelm, Religion, Kirche und Staat in Geschichte und Gegenwart, Band I: Geschichte, München 1969.

Zippelius, Reinhold, Staat und Kirche - eine Geschichte von der Antike bis zur Gegenwart, München 1997.

Zorn, Philipp Karl, Lehrbuch des Kirchenrechts, Stuttgart 1888.

Zeitfracht Medien GmbH
Ferdinand-Jühlke-Straße 7
99095 Erfurt, Deutschland
produktsicherheit@kolibri360.de